KB235345

대한민국 하여가
최교수의 엿사 한마당

초판발행 · 2008. 11. 15.
지은이 · 최병현
펴낸이 · 지미정
펴낸곳 · 知와 사랑
서울시 마포구 합정동 355-2
전화 (02)335-2964
팩시밀리 (02)335-2965
등록번호 제10-1708호
등록일 1999. 6. 15.

ISBN 978-89-89007-38-8

값 11,000원
www.jiwasarang.co.kr

대한민국 하여가

최 교 수 의 **엿 사** 한 마 당

대한민국 하여가

최병현 지음

知와 사랑

序

　지식인은, 그리고 넓게는 세상은, 대개 단심가를 부르는 사람과 하여가를 부르는 사람으로 나누어진다. 하나는 허물어지는 것을 붙들고, 하나는 애써 힘을 보태기보다는 단지 구경할 뿐이다. 하나는 원칙에 충실하고 하나는 유연성을 지혜로 삼고자 한다. 하나는 진지하나 까다롭고 하나는 해이하나 너그럽다. 과연 이 시대는 어느 쪽인가? 그리고 이 시대를 사는 사람은 과연 어느 노래를 불러야 옳은 것인가? 단심가와 하여가를 병창으로 부를 수 있다면야 좋겠지만, 번갈아 두 곡을 춘향이 그네 타듯 오락가락하며 창하고 목청을 뽑을라치면 감동은커녕 수상타 의심받기 십상일 것이다.

　위기에는 단심가가 어울리고 태평성대에는 하여가가 그럴 듯하다. 지금은 위기인가 아니면 태평성대인가? 신라나 고려가 무너질 때, 또 조선이 지루한 역사의 막을 내릴 때도 단심가를 부르는 지식인들이 있었다. 이어지는 현대사에서도 군사독재를 향한 단심가 가수들이 있었다. 그런데 세상이 좋아져서 인가 우리의 역사 무대엔 단심가를 부르는 사람들은 점점 사라지고 있다. 그나마 노래가 아닌 노조의 구호로 타락하고 말았다. 나라를 지키는 군인도, 국민을 위하는 공무원도, 교육을 책임진 교사도 더 이상 단심가를 부르지 않는다. 모두가 하여가의 대열에 합류하고 있다. 그래서 모두의 심금이 벽에 걸린 가야금처럼, 당길 수 없는 활시위처럼 느슨하게 풀려 있다. 심지어 위기 상황에서도 한번 풀린 줄은 이전의 긴장 상태를 회복할 수 없는 처지에 이르렀다. 우리의 낡은 줄은 감으면 오히려 끊어질 것만 같은 형국이다.

그렇다면 왜 책의 제목이 하필 "대한민국 하여가"인가? 이 하여가는 기존의 하여가와 다르다는 것인가? 한마디로 풀잎에 맺힌 이슬 같은 결론을 내리자면, 이 책 속에 울려 퍼지는 하여가는 다르고 다르다. 단심가를 사랑하는 자가 부르는 하여가이기에 여느 하여가와 다른 것이다. 이것이 바로 풍자이다. 풍자의 화살은 곧장 날아가지 않는다. 유도탄 흉내를 내면서 자기 가고자 하는 목표를 가기에 오히려 더 장하게 본래의 목적에 도달하는 것이다. 또한 대한민국이 컨텐츠라면 하여가는 그것을 담는 형식이다. 컨텐츠가 그 무게와 부피, 심지어 글자 수에서 하여가보다 무겁기에 풍자나 유머라는 틀에 담지 않으면 납덩어리처럼 곧바로 가라앉게 되고 만다. 하여 비록 단심가의 명창일지라도 불가불 하여가의 가벼운 형식과 가락에 자신의 깊은 속을 싣게 하는 것이다. 단심가가 흥하는 르네상스를 꿈꾸면서 말이다.

또한 하여가는 다른 여타의 풍자와 달리하는 것이 있으니, 소위 이름하여 대화체 풍자문학이다. 기존의 풍자는 호레이스나 주버날, 볼테르나 스위프트나 마크 트웨인 등에서 볼 수 있듯이 시 또는 서술적 산문 형식으로 발전해왔다. 19세기 말 오스카 와일드가 대화체 문학의 가능성을 열었으나 희곡의 형식에 부속되고 연극의 장르에 흡수되다 보니 풍자 또한 사라지고 말았다. 어쨌든 하여가는 비록 시작 중에 시작에 불과하지만 풍자 자체와는 별도로 대화체 문학의 가능성을 시험하는 장이기도 하다. 이미 서양에서는 소크라테스나 플라톤, 동양에서는 불교의 선문답이나 논어에 등장하는 공자와 제자들 간의 대화, 무엇보다도 낯익고 해학적인 우리 판소리가 대화체 문학의 가능성을 증명해주고 있다. 대화체 문학이 생소하게 느껴지는 이유는 그간 시간이 흐르면서 시간처럼 잊혀진 때문이다.

서술적인 산문은 일반적으로 우회해서 주제에 도달하는 반면 대화체 문학은 단도직입적으로 핵심에 접근할 수 있다. 뿐만 아니라, 얼마든지 비약도 가능해 인터넷 시대에 언어절약은 물론 채팅 또는 문자메시지 등과도 궤를 같이하는 새로운 장르의 가능성마저 지니고 있다. 또 여기에 풍자를 접목하면 극적인 효과를 유발할 수도 있을 것이다. 이런 생각을 하면서 하여가를 지었으니, 그 가락 저변엔 한 줄기 단심이 숨 쉬고 먼 훗날 역사를 바라보는 선죽교가 배경을 이루었다 할 것이다.

2008. 11.

최병현

차례

教育

개미들의 대박의 꿈

꼬고 꼬이는 사회

악취 속의 향기

저질에
대한
호질

政治

제일 맛없는 회

회 중에서 제일 맛없는 회가 국회야. 너희 집이 목포지? 횟집 한다고 했던가? 너희 집 손님 중에 국회 찾는 손님 봤나? 사람이 홍어만도 못하니라. 인기도도 그렇고 신선도는 말할 것도 없고.

학생: 요즘 국회가 왜 그 모양입니까?

교수: 왜 호남대학 학생회만도 못한가?

학생: 별 볼일 없긴 마찬가지지만, 세비 받아 고스톱이나 치면서 나라 살림이 위태로운데도 매사를 계속 고, 스톱시키다니. 실업자들이 구경하는 줄도 모르고. 북풍이 도대체 뭡니까? 치맛바람이라면 몰라도. 미니스커트 알다리에 감기는 치맛바람, 그것이야말로 감동적인데, 아무튼 교수님. 우리 국회는 수출할 수 없나요?

교수: 글쎄, 핵폐기물이라면 몰라도. 지구를 향해 달려온다던 소행성은 지금 어디쯤 오고 있을까? 학생들 돌대가리들과 부딪히면 볼 만할 건데. 장엄한 우주쇼가 펼쳐질 거야. 돌대가리로 쌓

은 우리의 상아탑, 책 한 페이지 넘기는 것을 바윗돌 굴리기보다 더 힘들어 하니. IMF 속에서 끙끙대는 몰골들이란! 경제가 어려우면 경제 과목 하나라도 열심히 해야 하거늘, 뭐 출석만 잘 해도 B학점을 딴다고? B겁한 놈 같으니. 역사의 현장에서 빠지고서 어떻게 역사를 발전시킨다는 것인지.

학생: 제 질문은 국회에 관한 것인데요.

교수: 회 중에서 제일 맛없는 회가 국회야. 너희 집이 목포지? 횟집 한다고 했던가? 너희 집 손님 중에 국회 찾는 손님 봤나? 사람이 홍어만도 못하니라. 인기도도 그렇고 신선도는 말할 것도 없고. 양식한 것은 값이 싸고, 교육한 것은 아예 안 팔리고, 취직해도 상 위에 올라가질 못하고. 다들 모가지 하나만 남아 가지고 부는 바람에 날아갈까 자라처럼 옴추라드는데. 이렇게 엉금엉금 기어서 어디로 간단 말인가? 고속도로가 아깝구나.

학생: 제 질문은 국회에 관한 것이라니까요.

교수: 한나라당이라고 이름을 지을 때 한 많은 당이 될 줄 알았느니. 이름 하나 잘못 지었다가 망한 당이 그 당이니라. 나라가 되려면 차라리 당나라가 되던가, 당나라가 사대적이라면 당나귀가 되던가. 국민회의도 앞으로 조심해야 돼. 이름이 아슬아슬하거든. 자칫하면 배고픈 사람들의 모임인 궁민회의가 될 수 있으니까. 재벌들도 제발 정신차려야지. 그렇지 않으면 천벌을 받지. 살얼음판에서 문어발 가지고 피겨스케이팅 할 생각일랑 버려야지. 돈의 먹물 좀 그만 뿌리고. 밤에 잠이 안 오더라. 공무원

들 투덜대는 소리에. 월급이, 또 다른 문어발이 엉뚱한 곳에서 잘려나갔으니, 아프다 못해 숨죽인 비명이 울려 퍼지는데, 다행히 솜이불이기에 망정이지. 모가지 잘리는 것보다는 고통이 덜해 겨우 참고는 있지만, 아직도 우리 사회에는 발톱조차 안 깎고 있는 자들이있지.

학생: 그게 누굽니까?

교수: 그런 것은 무지막지하게 단도직입적으로 묻는 것이 아냐. 교수에게 물을 것은 더더욱 아니고. 한밤중 술집 종업원에게 물어봐. 파출부로 일하는 아줌마나 환경미화원에게 물어봐. 분명히 발톱을 안 깎은 자들이 있다니까. 깎을 수가 없겠지. 독수리로 태어났으니까. 그게 있어야 낚아챌 수가 있거든. 그러나 그들은 언젠가는 박제가 될 거야. 두꺼비에게 당하고, 오리에게 먹히는 황소개구리 신세가 될 거야. 코앞에 닥친 보궐선거, 내 유권자인 학생들을 상대로 거창하게 돈 안 드는 유세를 한번 펼쳐볼까? 마이크 준비됐나?

대학을 나와도 취직이 막막한 유권자 여러분, 공부를 해도 낙이 없는 젊은 청춘 여러분! 이 IMF 한파에 얼마나 고생이 많으십니까? 불투명한 경제상황 속에서 여러분들의 청춘사업 또한 종전에 보지 못했던 위기와 불황을 겪고 있습니다. 순수한 젊은이들의 청춘사업조차도 망쳐 놓은 정권을 어떻게 해야만 하겠습니까? 이것은 오직 나와 같이 청춘들과 동고동락하는 대동청춘당

의 후보만이 해결할 수 있는 문제라고 생각하는데, 어떻게 생각

하십니까, 여러분?　　　　　　　　　　　　　　　　1999. 9. 20

철새가 늘어난 이유

↪ 말도 유행도 학문까지도 우리는 모두 앵무하고 있으니, 언젠가 이들 앵무새들이 철새처럼 무리 지어 다된민국의 창공을 어지럽히지 않을까요?

교수1: 요즈음 생태계가 많이 좋아졌나 봅니다.

교수2: 생태계가요?

교수1: 그렇지 않고서야 어떻게 철새가 늘어나겠습니까?

교수2: 어디에 철새들이 모여드는데요? 한 해가 가기 전에 그 구슬픈 합창을 들어야 하는데.

교수1: 국회의사당 말고 그런 곳이 또 어디 있겠습니까?

교수2: 나는 또 무슨 말씀이라고. 생태계가 아니라 생떼계가 좋아진 것이죠. 전에는 제비들이 들끓더니만.

교수1: 제비라니요?

교수2: 군사독재 시절에는 무조건 지지배배만 하지 않았습니까? 행동으로 보여준 것이라고는 무력한 거수밖에 더 있었습니까?

교수1: 그런데 역사가 박씨를 물어가 버리고 긴긴 독재의 봄여름

이 다하더니만 한강 여의도에 때 아닌 철새떼가 몰린다는 것 아
니겠습니까?

교수2: 사람을 쉽게 평가할 일이 아니지만, 음흉한 속셈을 하필이
면 TV 앞에서 공개적으로 하는지 모르겠습니다.

교수1: 그것도 만면에 미소를 지으면서. 철면피한 인간 철새들의
특징이죠.

교수2: 정치수명은 짧을수록 좋은 것 같습니다.

교수1: 인생은 짧고 정치는 길다? 이게 말이 됩니까?

교수2: 정치도 예술인가 보죠.

교수2: 정 안되면 정치수명 단축법이라도 제정해 철새를 제거할
수 있도록 해야 할 것입니다.

교수1: 그게 법으로 될 일이겠습니까?

교수2: 무법천지이니까 가능하죠.

교수1: 하지만 늘어나는 것이 어찌 철새뿐이겠습니까?

교수2: 무엇이 또 늘어나는데요?

교수1: 기러기 아빠가 증가하지 않았습니까?

교수2: 그게 다 우리의 교육환경이 좋아진 까닭이 아니겠습니까?

교수1: 대한민국 유사 이래 요즈음처럼 교육이란 농사를 버린 적
도 일찍이 없을 것입니다.

교수2: 자식을 낳기만 하고 교육은 외국인들이 도맡아 하지 않습
니까? 처음에는 양자로 보내더니만.

교수1: 이러다간 앵무새공화국이 되게 생겼으니, 원.

교수2: 앵무새라니요?

교수1: 매번 말을 따라하면 앵무새가 되는 것 아닙니까?

교수2: 말도 유행도 학문까지도 우리는 모두 앵무하고 있으니, 언젠가 이들 앵무새들이 철새처럼 무리지어 다된민국의 창공을 어지럽히지 않을까요?

교수1: 생각만 해도 끔찍합니다. 정신적인 주권은 벌써 바다 건너 갔습니다.

교수2: 남은 것은 어두운 과거의 되풀이요 또 그것에 대한 뒤풀이죠.

교수1: 다가올 그날을 생각하면 벌써부터 목이 메입니다.

교수2: 어떻게 찾은 나라이며 역사인데, 부도덕한 정치와 무지한 교육이 낳은 끔찍한 기형 아들이 금수강산을 금수의 나라로 만들고 말 것입니다.

교수1: 진정 우리가 우리의 부리와 발톱으로 온몸을 찢어 걸레로 만드는 날이 오고야 말까요?

교수2: 이미 왔는지도 모르죠. 한국엿사인가 뭔가는 그렇게 말하고 있습니다. 아무튼.

2002. 11. 25

의무와 세무

↭ 정부가 강한 햇살이라면 언론은 굵은 소나기 같은 것이지. 서로의 강함으로 서로를 약하게 만드는 것이야말로 가장 이상적인 관계일 것이야.

^{학생}: 현 정부가 언론을 탄압하고 있다는 말이 맞습니까?

^{교수}: 비정상적인 것을 정상으로 바꿔 보겠다는 것이 탄압이라면 탄압이지. 자신의 힘을 과신한 나머지 탈세를 서슴지 않은 것도 사실이고. 이야기는 거기에서 시작해야 하지 않을까?

^{학생}: 그래도 세무조사는 언론 길들이기 인상을 줄 수밖에 없지 않습니까?

^{교수}: 셰익스피어의 페트루치오가 말괄량이를 탄압했다고 보는가? 그는 결혼을 전제로 보다 나은 새로운 관계를 모색하고자 했을 뿐이지. 야성적野性的인 언론이 반드시 좋은 것만은 아니야. 오늘 신문 봤나? 자신의 사주가 구속되었다고 해서 신문을 불평불만으로 팔면 전체를 다 도배를 했으니, 그것이 신문인가, 선전이 아니면 광고지지. 중中자는 어디 가고 앙央자만 남아 앙

앙앙앙 하다니. 이런 이성을 잃은 신문을 그대로 둘 수 있겠는가? 사주의 사주를 받아서 그랬는지는 몰라도 사주 무서운 줄만 알고 독자 무서운 줄 모르는 신문은 무사하기 어렵지.

학생: 정부가 강한 것이 좋습니까? 언론이 강한 것이 좋습니까?

교수: 정부가 강한 햇살이라면 언론은 굵은 소나기 같은 것이지. 서로의 강함으로 서로를 약하게 만드는 것이야말로 가장 이상적인 관계일 것이야.

학생: 그러자면 정부가 언론을 가만 놔둬야 되는 것 아니겠습니까? 소나기를 가랑비로 만드는 것은 곤란하지 않습니까?

교수: 언론이 햇빛을 그늘이라고 호도해서도 곤란하지. 언론이 의무는 알고 세무는 모른다면 뭔가 문제가 있지 않은가? 언론은 언론이지 종교가 아니야. 언론이라고 해서 잘못하고도 당당할 수 있단 말인가? 탈세하고도 정부를 탓할 수 있단 말인가?

학생: 교수님은 언론에 대해 유감이 많으신가 봐요?

교수: 수십년 군사독재하에서는 말 한마디 못하다가, 유신이나 5.18 당시엔 벙어리나 다름 없던 신문들이, 시절이 바뀌었다고 감히 언론탄압을 운운할 자격이 있는 것인지. 재벌의 등에 업혀 울고 있는 아기 같은 존재, 그것이 오늘날 언론의 모습이 아닌가?

학생: 살벌하던 시대는 우선 살고 봐야 되는 것 아닙니까? 언론도 예외는 아니지 않습니까?

교수: 사는 것이 중요하다면 왜 멀쩡한 정부를 언론은 죽이려 드는 거지? 자기에게 섭섭하게 대하면 무조건 언론탄압이란 말인

가? 늘 남만 비판해 오다가 자기 스스로를 비판하자니 어색하다는 말인가, 억울하다는 말인가?

학생: 저는 평소에 교수님이 야성이 강한 분으로 생각했는데, 오늘 말씀을 듣자니 다음 신당에라도 참여하실 것 같은데요?

교수: 이해를 바랬더니 오해가 먼저 달려오는구나. 활빈당 같은 당이 있다면 오늘이라도. 그러나 나는 정치를 경멸해온 지가 이미 오래야. 나의 동지는 허생이 아니면 김삿갓인데 20세기는 나의 시대가 아니라네. 나는 이렇게 가끔씩 세상을 향해 한바탕 호질虎叱을 하면서 서산을 넘어가는 것이 적성에 맞거든. 내 야성은 바로 이런 신념에서 나오기에 현 정부가 잘못했다면 나는 더욱 혹독한 말과 발톱으로 할퀴었을 거야. 경멸하면서도 연민을 버리지 않는 사람, 그것이 학자가 아니던가.　　1999. 11. 10

어용가 御用歌 |

↬ 처용을 어용이라 부르는 것도 양심이냐? 썩은 양심을 선언해도 양심선언이고?

교수: 광산별 달 밝은 밤에 밤새워 노닐다가

다음날 이른 아침 강의실에 들어가니

제자는 어디 가고 고객만 기다리네

학생임에는 분명한데 제자는 아니로다

얼굴은 사람인데 가까이 보니 탈이로다

탈이로세 탈이로세

처용을 어용이라니 아아 탈이로세

학생: 교수님, 못 듣던 시 같은데요?

교수: 고대 신라인은 처용가를 불렀지만 21세기 대한인은 어용가를 부르지. 어째 가락이 좀 그렇다만. 리듬이 관절염이라도 걸린 듯. 거동이 썩 상쾌하지 못한 것도 같고. 벽에 걸린 대자보를 보니 갑자기 없던 병이 도지는구나.

학생: 선거철 아닙니까?

교수: 기러기 날아갈 때 밤새워 술을 마시고 종이학 곱게 접어 선거함에다 집어넣는 계절이더냐?

학생: 내일은 "까"라는 영화나 보러 가야겠습니다.

교수: 그동안 나는 구름 높이 용비어천 해야겠구나. 마침 날도 흐리고 하니.

학생: 어용이 되는 것을 조심하십시오.

교수: 처용이 어용이 된다더냐?

학생: 이무기인들 못 되겠습니까?

교수: 처용이면 어떻고 어용이면 또 어떻다더냐? 춘향이가 없는 것이 문제이고, 몽룡이 못 되는 것이 문제지.

학생: 자식 같은 제자에게 궂은 소리를 들어서야 쓰겠습니까?

교수: 뇌성번개를 내가 부리거늘 어찌 궂은 날을 겁내겠느냐?

학생: 이 시대에 양심이 있습니까?

교수: 이 시대에 고민이 있더냐?

학생: 전자는 몰라도 후자만은 확실히 있지 않겠습니까?

교수: 처용을 어용이라 부르는 것도 양심이냐? 썩은 양심을 선언해도 양심선언이고?

학생: 썩어야 싹이 날 것 아닙니까?

교수: 색깔이 노란 것도 새싹이고 청춘이냐? 재수가 없으면 하루를 망치고, 싹수가 노라면 일생을 망치나니.

학생: 설마 저를 두고 하시는 말씀은 아니겠죠?

 나는 항상 말의 망치를 남을 망치는 자에게 선사하지. 대개 뒤통수에다. 어용 어쩌구 하면서 어영구영 하는 친구들에게. 내가 일생을 공부만 하다가 망쳤으니 무엇이 문제인지 땅끝까지 전하리라. 다들 집에 가고 없는 들판에 홀로 서서 서산 너머로 말을 집어 던지노라.

 선거에 개입만 하시지 않았으면 무엇이 문제이겠습니까?

 개입하면 처용이 어용이 된다더냐? 구애받지 않는 자, 그것이 처용이요 교수니라. 어찌 너희들의 낡은 밧줄에 묶일까 보냐? 추적 60분에 만나 너희들의 빛과 그림자를 추적할 것이니라. 그림자만 밟아도 비명을 지르는 세대여!   1999. 10. 25

어용가^{御用歌} II

어용가 ⇘ 부모가 피땀을 흘리면 자식은 적어도 식은땀이라도 흘려야 할 것 아닙니까? 부모는 외면하고 교수는 무시하면서 걸핏하면 배우기도 전에 가르치기부터 하려 하지 않습니까?

교수1: 어용가는 1절이면 족하지 굳이 2절까지 부를 이유는 없지 않습니까?

교수2: 가사가 틀려서죠.

교수1: 가사가요?

교수2: 광산벌을 광산별이라고 첫줄부터 틀렸으니, 역사를 엿사로 만들어 버렸으니, 광산도, 별도, 우리 문학도 무차별하게 아니 광산별하게 무시한 그 황무지한 무식함에 잠이 와야지요.

교수1: 어용가에 대한 시비는 그런 것이 아니지 않습니까?

교수2: 왜 나의 신곡발표에 무슨 문제라도 있다는 것입니까? 모처럼 어용가를 한 곡조 뽑았다고 자동적으로 어용이 된답디까? 문학을 문학으로 이해하지 못하고, 이념을 양심으로 착각하는 사람치고 순수하고는 거리가 먼 자입니다. 그들의 음향과 분노에 신경을 쓸 필요가 무엇이겠습니까?

교수1: 불필요하게 오해를 살 이유도 없지 않습니까?

교수2: 밤중에 남의 동네는 어떻게 다니십니까?

교수1: 무슨 밤중 같은 말씀이신지?

교수2: 사람도 아닌 것이 사람을 보면 짖어대지 않습니까? 단순히 낯설다는 이유 하나만으로. 자기가 몰라보면 적이라니요? 자기를 안 찍으면 부패하다니요? 공부하라고 학교 보냈더니 이리저리 쫓기면서 입으로 운동만 하는 친구들 말입니다. 등록금 이야기만 나오면 부모의 피땀이 어쩌니 저쩌니 하지 않습니까? 부모가 피땀을 흘리면 자식은 적어도 식은땀이라도 흘려야 할 것 아닙니까? 부모는 외면하고 교수는 무시하면서 걸핏하면 배우기도 전에 가르치기부터 하려 하지 않습니까? 우리 학교에는 학생은 없고 교수들만 있으니, 내가 어용가를 불러 학생이 되기를 자원한 것입니다. 이렇게 부끄러움을 무릅쓴 것이 잘못되었습니까? 내 총알이 빗나갔습니까?

교수1: 나는 다만 보기가 딱해서 드린 말씀인데.

교수2: 딱할 것이 무엇입니까? 딱 한 말씀만 뿌리겠습니다. 때마침 선거철이고 하니 어등산 꼭대기에 올라 유세하듯 한 말씀 운동장 끝까지 던지고자 합니다. 홈런으로 받아주십시오.

교수1: 청중이 하나밖에 없는데도 말입니까?

교수2: 산정에 오르면 세상 만물이 다 내 청중이요 유권자입니다.

친애하는 유권자 여러분, 어등산 골짜기 소나무 여러분, 황룡강 IMF 파도를 힘겹게 헤쳐 가는 붕어와 송사리떼 여러분, 저 멀리 하늘을 배회하는 고고하신 해오라기, 또 저 아래 호남대학 캠퍼스 위에 날이면 날마다 분주한 학생과 개미 여러분. 저는 여러분이 향가를 통해 익히 알고 있는 동해 용왕의 아들 처용입니다. 시운을 잘못 만난 탓으로 서해 근처에 와서 살게 되었습니다만, 단군의 홍익인간 정신을 받들고, 우리 용들이 사는 안개 속의 세계를 인간세계에 건설하고자 실로 비장한 각오로 이번 선거에 출마하게 되었습니다. 인간들 속에 일어나는 먼지가 너무 자욱하기에 대신 나의 방석과도 같은 비구름과 안개를 나눠주고파 출사표를 던진 것입니다. 나는 시시각각 우리 시대의 일기예보를 전하고 여러분에게 다가오는 먹구름과 재앙을 육지에서 바다 멀리 밀어낼 것입니다. 그러면서 때로는 여러분들 속으로 파고 들어가 병풍에 몸을 틀고 베개를 수놓으면서 이따금씩 꿈속에 출몰하면서 여러분들의 애환과 소망 속에 승천할 것입니다.

1999. 11. 10

밍크의 저주

↳ 야지경을 여지경으로 만들려고 한 것은 문제가 있지요. 민심에게 물어보세요.

교수: 금년 운수가 어떨 것 같습니까?

도사: 어제가 오늘보다 낫고 오늘이 내일보다 낫겠습니다.

교수: 점이 의심스러울 정도로 운수가 나쁘군요. 대통은 아니라도 보통은 되어야 하는데.

도사: 그리 실망하실 필요는 없습니다. 이것은 교수님 개인의 점괘가 아니라 금년도 정국의 점괘니까요.

교수: 우리 정국의 점괘가 그렇게 나쁘게 나왔습니까?

도사: 아직도 밍크의 저주가 안 풀렸어요.

교수: 밍크의 저주라니요? 고관 부인들의 옷 로비 사건 말인가요? 그럼 그것이 언제나 풀린단 말입니까?

도사: 강물에 고기가 돌아오고 고속도로가 숲으로 변한다면. 브리타니 해변에 점점이 솟아 있는 암초들이 바닷물에 잠긴다면.

교수: 맥베스의 버남 숲처럼 그날이 걸어올 수도 있지 않을까요? 세

상이 마법에 걸려 불어난 바닷물로 암초들이 잠기지는 않을까요?
그러나 당분간은 우리 정국이 어렵겠군요. 특히 선거를 전후해.

도사: 보세요. 점괘가 어떻게 나왔는지. 절름발이가 성한 다리마
저 부러질 상입니다.

교수: 우리의 정치 현실이 그렇게 비관적입니까?

도사: 정치와 증권 시장을 착각해서는 안 됩니다. 정쟁이라면 몰
라도.

교수: 새 천년에 그렇게 찬물을 끼얹어도 되는 것인가요? 여당이
투표에 패하면 볼만하겠군요. 그때는 발목을 잡은 야당이 현 정
권의 허리춤을 잡겠지요.

도사: 정치가 대통령의 원맨쇼에 불과하니 제대로 되겠습니까?

교수: 대통령의 원맨쇼라니요? 야당보고 함께 춤추자고 하지 않
습니까? 체인징 파트너하면서. 원래 요지경이었던 것을 야지경
으로 만든 것은 야당이지 않습니까? 정치가 저 지경이 된 것이
어찌 대통령의 탓이란 말입니까?

도사: 그러나 야지경을 여지경으로 만들려고 한 것은 문제가 있
지요. 민심에게 물어보세요.

교수: 그 말씀은 점괘가 아닌 여론이었습니까?

도사: 하늘의 북두칠성을 쓸어 담아 전후로 좌우로 흔들어 보니
민심이 은하수의 나루터에 나와 있습니다.

교수: 강을 건너려고 말입니까? 민심은 그럴지 몰라도 천심은 그
렇지 않을 것입니다.

도사: 민심이 천심이죠.

교수: 그러나 천심은 민심이 아니죠. 천심은 아무도 모릅니다. 오직 인간을 불안하게 할 뿐이죠. 그래서 우리의 역사는 점점 불안해지면서 동시에 흥미진진해지는 것 같습니다.

도사: 천심은 불투명하고 민심은 흔들리니 차라리 무심이 좋은 것 같소이다.

교수: 무심이 좋긴 하나 무심하면 안 되죠. 심심하면 견디기 어려워 안 되고. 차라리 점을 다시 치면 어떨까요? 백점이 나올 때까지.

도사: 그 실력으로 노래 부르면 종일 불러도 백 점 안 나옵니다.

교수: 그것만은 용하게 맞추신 것 같습니다. 그 실력으로 기원도 부탁드립니다.

도사: 복채를 올려놓고 북채를 잡으시죠.

천지신령이시여, 이번에는 제발 야지경을 여지경으로 만들어 요지경인 세상을 안정시키고 국민의 정부가 멋지게 스윙한 다음, 버디 아니면 파 할 수 있게 하여 주시고 전국의 막힌 민심과 하수도가 시원하게 뚫려 작은 물은 큰물을 찾아가게 하고 모든 물이 바다로 집합하면 그 물은 물 좋은 곳이나 그렇지 않은 곳이나 두루 찾아가 선거운동을 하게 하시고……

교수: 됐습니다. 돼지 대가리가 하품할까 겁납니다.

도사: 돼지꿈을 꿨다고요?

2000. 1. 10

지역감정의 불씨에 대한 건조주의보

↴ 유권자가 사냥꾼이 못되면 오히려 사냥감이 되나니, 감히 주인을 우롱하는 하인을, 유권자를 농락하는 후보를, 째려만 보고 있을 것인가?

학생: 우리의 역사가 과거 사색당쟁의 시대로 배회하는 것 아닙니까, 삼각지 로터리로?

교수: 어떻게 말인가?

학생: 한나라당은 동인이고 민주당은 서인인데, 동인인 한나라당이 다시 남북으로 갈리지 않았습니까? 지금 부산이 얼마나 부산합니까? 또 민주당과 자민련 또한 남북으로 갈리고요. 인제 자민련으로서는 논산을 먼 산으로 놔둘 수는 없는 것 아닙니까? 안 그렇습니까?

교수: 뭉치면 죽고 헤치면 사니까. 사색의 정치인들이 사색이 돼 가지고 신호등을 무시하고 대륙이 아닌 대로를 횡단하는구나. 얼마나 급했으면 새로 생긴 당은 국민을 민국이라고 거꾸로 부르면서 해운대 파도 위를 걸으려고 하겠느냐? 믿음이 큰 탓인가?

산소 호흡기를 쓰고서 웃는 폼이라니.

학생: 끈끈한 지역감정으로 정치생명을 연명하자는 것이겠지요.

교수: 극도로 감정이 메마른 사회에 화끈한 지역감정이라도 살아 있으니 그나마 다행인가?

학생: 흥분해서 잘 될 일이 있을까요?

교수: 유권자들에게 진정제를 나눠주면 어떨까? 선거법에 저촉만 안 된다면. 선거 후엔 진통제가 필요하겠지만. 아무튼 옛날 막걸리 찌꺼기에 비하겠느냐?

학생: 진정제라니요? 사랑의 묘약이 아니고요?

교수: 선거가 무슨 오페라인 줄 아느냐? 그 약을 먹으면 지역대로가 아닌 기억대로 투표를 하게 되지.

학생: 한쪽에서는 병 주고 다른 한쪽에서는 약 주고, 병과 약의 한판 승부가 볼만 하겠군요. 바꿔와 막가 둘 중 누가 메이저리그로 올라갈까요?

교수: 강약이 분명하지 않은 상태에서 병약하기만 하니, 우리 정치의 일기예보가 흐리게만 나오는구나. 선거 때만 되면 대한민국 국민은 어디로 가고 동네방네 흥분한 민심만 가득하니, 묻지마 선거를 통해 나오는 인물들이 묻지 않아도 뻔하지 않은가? 이번에는 영남이 정권을 잡아야 한다고? 해가 바뀌고 세기가 바뀌어도 똑같은 십팔번. 곡도 가사도 눈물도 한숨도.

학생: 그러면 강남 사람들도 그들만의 애국자를 뽑을 것 아닙니까? 강남사람 강남으로.

교수: 그 노래는 춘삼월 제비가 빨랫줄 목청이 끊어질 때까지 부를 테니까 마이크도 없는데 구태여 무리할 필요가 없지. 그보다도 이번에는 핫바지가 무슨 바지로 바뀔지 궁금하구나. 설마 핫팬츠를 들고 나오지는 않겠지?

학생: 광주 일고 출신들이 정부 요직을 독식했다던데 맞는 말입니까?

교수: 나 또한 여시아문하였는데, 일고의 가치도 없는 음향과 분노야. 경 기고만장한 사람들의 불편한 심기를 모르는 바는 아니지만, 학벌의 시대는 이미 재벌의 시대로 바뀌고 재벌 또한 문민시대에는 연민을 느끼지 않을 수 없는 상황에 이르지 않았는가? 하물며 정부에 이르러서야.

학생: 걸핏하면 당당黨黨하는 사람들, 어째 당당噹噹하지 못한 것 같아요. 심야토론만 보고 나면 잠이 안 와요. 꿈속에서도 침 뱉는다니까요.

교수: 야성野性이 발동하는 것은 살아있다는 징조가 아니냐? 거짓이 눈에 띄기만 하면 때 낀 발톱으로 낚아채 잡아 먹거라. 거짓을 잡아먹지 않고 어찌 참이 살아남을 수 있으리? 재미있는 동물 세계, 그것이 우리가 가꿔야 할 세계니라.

학생: 부지런한 새마을 사냥꾼이 돼야겠군요.

교수: 이른 아침 햇살의 화살을 당겨 웅크린 어둠을 쏘거라. 거짓이 놀라 달아나는 것 놀랍지 않느냐? 달리면서 숨차 오르면 기쁘지 않느냐? 유권자가 사냥꾼이 못되면 오히려 사냥감이 되나

니, 감히 주인을 우롱하는 하인을, 유권자를 농락하는 후보를, 째려만 보고 있을 것인가? 수시로 건조주의보를 남발하면서 정치판에 불을 지르는 방화범들을 단속하라.

 먼저 낙천의 공포탄을 쏘고 낙선의 수갑을 채운 다음 마지막 온갖 퇴출들을 색출해 삼족을 멸해야지요. 살생부를 교과서로 채택하고 수능에도 집어넣어야지요.

 물론 그래야지. 새 천년 경진사화를 일으켜야지. 좀 과격하기는 하다마는. 무더기로 방면했다가는 연어처럼 되돌아오지. 사이비들을 바로 잡으면 역사 또한 바로 잡히나니, 생리적인 이유를 들어 공천을 반납한 자들만 빼고 모두 잡아들여 준엄한 여론 앞에 세우거라. 언제까지 삼김삼김 할 것인가? 김씨가 셋밖에 안 된단 말인가? 섬김은 모르고 삼김만 운운하면서 새로운 정치를 노래하는 자들은 씨를 말려라. 여의치 않으면 쌈이라도 말리던가. 머지않아 희귀종자가 될 자들이지만, 지역감정의 불씨로 반도강산을 다 태우게 할 수는 없지 않은가?

너희들이 운동할 때는 바로 이때니라. 지금이야말로 몸을 풀 때니라. 무기력에 동아리 틀지 말고 정의의 링에 복귀하라. 부러진 이를 악물고 지역감정을 부추기는 낯익은 얼굴들의 코뼈를 모조리 부러트려라. 묻지마 투표에 대한 확실한 답변이 되었으렸다. 그런데 카운트를 386까지만 세면 어떻게 하나? 지금 명의 숫자를 세고 있단 말인가?

2000. 3. 10

낙화落花 운동

⮎ 한국 민주주의는 막걸리와 고무신에서 출발하여 맥주와 불고기에 이른 것 같습니다.

교수1: 이번에는 우리 민주주의의 키가 좀 자랄 모양입니다.

교수2: 무엇을 보고 말입니까?

교수1: 민주와 한나라의 싸움이 치열하지 않습니까? 싸워야 키가 큰다지 않습니까? 게다가 새로운 국부론國富論까지 등장한 것을 보니 제법이고. "보이지 않는 손"이 보이지 않는 것이 문제지만.

교수2: 금년 한 해를 미리 한 글자로 요약한다면 어떻게 될까요? 아마도 락落자가 아닐까요?

교수1: 낙선, 낙천 운동을 말씀하시는 건가요?

교수2: 아무래도 당當자 보다는 락落자가 좀 튀는 것 같지 않습니까? 그것을 보고 희희락락 바라보는 자들도 많을 것 같고.

교수1: 그러기에 낙선이나 낙천운동이라는 말보다는 낙화落花 운동이 더욱 적절할 것 같습니다. 말이 좀 설기는 하지만. 계절에도 맞을 뿐더러 덜 살벌하니까요. 꽃이 지면 슬프기는 해도 원망은 그것으로 끝이죠. 그래서 다음 해를 소망할 수도 있지 않습니까?

교수2: 수많은 후보를 낙화시키기 위해서는 유권자의 거센 봄바람이 필요한데 일기예보가 어떻게 나올지 궁금합니다. 유권자 역시 낙화해야 할 자들이 적지 않은데, 과연 술잔에 태풍이 일겠는지? 찻잔이라면 몰라도.

교수1: 불고기 냄새를 풍기며 표와 마음을 함부로 던지는 사람이 문제죠. 그 전통도 꽤나 오래 가는군요.

교수2: 한국 민주주의는 막걸리와 고무신에서 출발하여 맥주와 불고기에 이른 것 같습니다.

교수1: 묻지마 관광이 묻지마 정치로 번질까봐 걱정입니다. 파주의 구제역처럼.

교수2: 설마 짐승에게 걸리는 병이 사람에게 옮기야 하겠습니까?

교수1: 그러면 후보가 구제역에 쓰는 약은 왜 먹습니까?

교수2: 무리하게 유세를 하다 보면 입과 발에 병이 생길만도 하죠.

교수1: 자민련에 대해서 연민을 느낀지 오래지만, 약까지 먹어야 하는 상황에 이르다니.

교수2: 걱정할 것이 무엇입니까? 떠오르는 해가 있는데.

교수1: 세상이 많이 바뀐 모양입니다. 해가 서쪽에서 떠오르게.

교수2: 원래 그 해는 그렇게 왔다 갔다 하는 해입니다.

교수1: 하긴, 해는 논산 훈련소에 제일 먼저 떠오르죠. 새벽부터 일어나 그놈의 엠병장을 달리다 보면 벌겋게 달군 호두알만한 해가 산 위로 올라오죠. 훈련소의 해는 늘 지각이었죠. 그러나 이제는 그 요령꾼을 아침에 본 지도 무척 오래된 것 같습니다.

교수2: 지는 해가 돼서 그런 것 아닙니까?

교수1: 뜨기도 전에 지다니, 혼탁한 세상의 황사가 원망스럽습니다. 내 책의 사인회는 저 세상에 가서나 해야겠습니다.

교수2: 그러기에 탈당하고 변신 또는 배신해야겠죠. 지는 해에서 부는 바람으로. 아, 살아남기 위해서는.

교수1: 우리 마음은 선거 때만 되면 계절풍이 되어 이 세상에서 저 세상으로 동서남북을 휩쓰는데, 겁없이 떠오르는 해들을 우리 유권자의 입김으로 낙화시켜야죠. 송정리 공항 가는 길 벚꽃처럼. 그들이 피기도 전에 떨어뜨리는 것이 잔인하지만, 잔인한 달에 선거를 치르니 어쩌겠습니까?

교수2: 머슴은 머슴 취급을 해야 마땅하죠. 머슴이 상전 노릇 하는 것 막자고 선거를 하는 것 아니겠습니까? 심각한 한판 승부입니다.

교수1: 선거가 아니고 성거聖擧군요. 2000. 4. 10

냉면보다 육수

↳ 역사는 제 갈 길을 가는 거지. 일 끝나면 집으로
돌아가는 사람처럼.

학생: 역사가 어떻게 돌아가고 있는 겁니까?

교수: 돌아가다니? 역사는 제 갈 길을 가는 거지. 일 끝나면 집으로 돌아가는 사람처럼.

학생: 김정일의 변신이 놀랍지 않습니까?

교수: 가히 카프카적이지. 그러나 정말 놀라운 건 우리의 무지지.

학생: 이번 남북 정상회담을 계기로 우리가 배운 것은 무엇입니까?

교수: 남북이 하나가 될 수 있는 가능성이 각설이처럼 떠돌다가 죽지도 않고 돌아왔다는 사실이지. 그것도 비렁뱅이가 아닌 모습으로.

학생: 과연 정상회담의 약속이 지켜질까요?

교수: 공산당의 약속은 깨질 공산이 크지.

학생: 만일 위원장 동지가 서울에 온다면 우리는 어떤 반응을 보이게 될까요?

교수: 바쁘겠지. 환영하랴, 눈치 보랴.

학생: 남한 모두가 그의 어떤 고도의 전략에 속은 것은 아닐까요?

교수: 역사를 돌이켜 보건데 그렇게 머리 좋은 사람도 없고 또 그렇게 머리 나쁜 국민도 없었으니, 의심은 적당히 할 때만 약이 되는 것이야.

학생: 북한이 과연 남한을 적화 통일할 수 있을까요?

교수: 한두 명 이산 가족의 상봉을 허락하는 것에도 전전긍긍 하는 그들이 무력으로 남침해서 무엇을 어떻게 하겠다고?

학생: 무력이 무력하게 된다는 말씀인가요?

교수: 무력으로 통일해봤자 공산주의가 먼저 죽을 공산이 크니 눈뜨고 손해 볼 짓을 왜 하겠나?

학생: 그래도 김정일이 악수할 때 보니까 손이 붉은 것이 왠지 섬뜩한 느낌이 들던데요.

교수: 나는 축구할 때마다 붉은 악마들이 더 섬뜩하더라.

학생: 저는 교수님이 저보다 더 앞서 가시는데 놀랐습니다.

교수: 냉철한 머리 대신 뜨거운 가슴이란 말이냐? 아니 냉면 대신 뜨거운 육수라고 해야 하나?

학생: 학점은 소금이시면서, 이번 정상회담에는 너무 후한 점수를 주시는 것 같네요.

교수: 그러고 보니 내가 너희들 애간장을 젓갈 담그듯 한 모양이구나. 그러나 뜨거울 때 뜨거운 것도 냉철함의 일종이야. 후한 점수에는 더 잘 하라는 경고도 듬뿍 포함되어 있고.

학생: 저희도 그런 경고 좀 자주 받을 수 없나요?

교수: 있지. 너희와 나 사이에 가로 놓인 휴전선을 성큼 넘을 수 있다면. 하루 아침에 오십 년을 끝낼 수만 있다면. 대학 4년 공부를 한 시간에 뗄 수만 있다면.   2000. 6. 25

태풍아! 비바람아!

이왕 태풍으로 떨어질 배와 사과라면 멀리 멀리 날아가 번번이 놀고먹는 자들의 머리 위에 만유인력의 위대한 법칙을 증명했으면 좋겠어요.

학생: 교수님, 올 추석 어떠셨어요?

교수: 밤하늘 먹구름을 보며 잘 보냈지. 고향의 부모님은 잘 계시더냐?

학생: 또 태풍이 몰려온다고 얼이 다 빠지셨어요. 태풍이 지나간 지가 엊그제인데. 바람에 지친 벼들이 풍을 맞고 들판에 자리 깔고 누워있더군요.

교수: 어찌 안 그렇겠느냐? 효자태풍은 어디로 가고 명절에 때 맞춰 온다는 것이 하필이면 태풍이라니. 배 사과 소복이 쌓인 과수원의 차례상이 어수선했겠구나.

학생: 태풍의 명절도 우리 명절과 같은가 보죠?

교수: 바람의 신 에올리우스에게도 아들이 사형제니까 그들도 일 년에 한두 번쯤은 단합 대회를 해야 하지 않겠느냐?

^{학생}: 그래도 바람의 명절이 너무 자주 있는 것 아닙니까? 추석이 끝나기도 전에 벌써 설날이라니요? 그러나 저러나 바람의 아들들에게는 귀성전쟁이 없어 좋겠네요.

^{교수}: 몇명 돼야 말이지. 동과 서에는 동풍인 에우로스와 서풍 제피로스가, 남과 북에는 남풍 노투스와 북풍 보레아스가 흩어져 살고 있는데, 이들도 가끔 모여 바다 한가운데 천막을 치고 제사를 지내거든. 허무하게 사라져간 조상들의 넋과 엄청난 파괴의 업적을 기리면서 한바탕 어지러운 파도와 비바람을 일으키며 요란하게 강강수월래를 하고 헤어지지. 연휴가 끝날 때쯤 해서.

^{학생}: 이들도 아들 손자까지 합하면 대식구겠는데요? 신바람, 춤바람, 치맛바람, 과외바람, IMF바람, 선거바람, 해외여행바람, 골프바람, 벤처 열풍에 코스닥 열풍까지.

^{교수}: 한심한 집안이지. 북풍이 잠잠해지면 남풍도 조용할 줄 알았는데.

^{학생}: 국회의사당 지붕은 안 날아가나요? 이왕 태풍으로 떨어질 배와 사과라면 멀리 멀리 날아가 번번이 놀고먹는 자들의 머리 위에 만유인력의 위대한 법칙을 증명했으면 좋겠어요.

^{교수}: 한나라당이 두 나라 정치를 하고 있으니 만유인력조차 상대성 원리에 길이 막혀 뉴턴하고 말걸. 민주당은 원칙에 막히고.

^{학생}: 우리 정치가 왜 이 모양입니까? 노상에서 정치하려면 국회의사당은 왜 지었습니까?

교수: 노상 하면 떠오르는 말이 무엇이지?

학생: 강도 아닙니까?

교수: 남의 돈을 무기 들고 빼앗으나 놀면서 가져가나 그게 그거지.

학생: 또다시 한숨의 태풍이 제주도 같은 제 심장을 지나 북상하는 것만 같습니다.

교수: 일은 않고 한가롭게 거리나 쏘다니는 알량한 선량들을 구경만 하는 사람들이 잘못이지. 돌멩이와 표를 던져 어디로 멀리 쫓아버리던가 아니면 다시 의사당 돼지우리 속에 가두던가 해야지. 결핏하면 뛰어나오지 말고 의사당 구석에 코 박고 밀린 숙제 좀 하라고. 국민의 국민에 의한 국민을 위한 정치가 어떤 것인지, 당선되자 잊어버린 선거공약이 무엇이었는지 석두에 깊이 새기라고.

학생: 이래저래 의원들이 문제군요. 하나는 의사당을 떠나고 다른 하나는 병원을 떠나고.

교수: 국회나 병원 모두 무용지물이 된지 오래야. 국회나 병원이나 광주 쓰레기 소각장이나. 돈 들여 소각장을 짓고 밖에서 쓰레기를 처리하는 사람들이라니. 그 놈의 명분부터 태워 없애야 할 것이야. 의원이고 의사고 간에. 태우라는 쓰레기는 안 태우고 애만 태우고 속만 태우니.

학생: 차라리 국회와 병원을 통폐합하는 것은 어떨까요? 맘 놓고 싸움할 수 있게. 싸우고 치료하고, 서로 상생하게 말입니다.

교수: 나라 형편이 응급상황인데 환자만 가득하고 의사는 없으니.

학생: 그래도 약사가 역사를 쓰는 것은 뜸해서 다행입니다.

교수: 그들은 대체 조제에는 능하니까.

학생: 이젠 아무 것도 웬만큼 해서는 듣질 않는 것 같아요. 처방
도 조제도, 의원도, 병원도, 환자도.

교수: 항생제를 간식인줄 알고 먹었으니 당연하지 않은가? 평생
을 항생으로 살아온 한국역사는 극약 처방의 역사지.

학생: IMF와 같은 역병이 돌아야 겨우 정신을 차리죠. 벌써부터
남북통일이 걱정스럽군요.

교수: 남남통일이 더 큰 문제지. 남남이니까.　　　　2000. 9. 25

고자세의 높이와 저자세의 깊이

↯ 남의 마음을 다치게 해서 얻는 행복은 부러워할 것이 못됩니다.

교수1: 정부가 남북관계에 너무 저자세 아닙니까?

교수2: 고자세가 도움이 안 된다고 생각해서겠죠.

교수1: 그렇다면 저자세는 과연 도움이 될까요?

교수2: 높은 산은 기어서 올라가죠. 백두산이 뻣뻣이 고개 들고 오르는 것을 허락하겠습니까? 구름 속에 있는 것을 얻으려면 고개 움추린 자라가 되는 것을 부끄러워해서는 안 되죠.

교수1: 우리는 북한에서 무엇을 얻고자 하는 것일까요?

교수2: 아마도 평화통일이 아니겠습니까?

교수1: 그런데 태도나 어투로 보아 저쪽에서는 그럴 마음이 없는 것 아닙니까?

교수2: 자기들에게도 도움이 되는데 마음이 없다니요?

교수1: 그런 자들이 우리 언론보도를 문제삼아 걸핏하면 비난과 위협을 남발한단 말인가요?

교수2: 그만큼 그들의 처지가 불안하고 절박하다는 증거 아니겠습니까?

교수1: 그 불안을 달래주려 저자세를 취한단 말인가요?

교수2: 햇볕정책이란 것이 원래 웬만한 것은 져주자는 정책이 아닙니까? 더 큰 것을 얻기 위해. 고자세에 대한 집착은 햇볕을 거두고 냉전의 지름길로 가자는 이야기인데, 그것처럼 쉬운 일은 없을 것입니다. 그것이 지름길인 줄 알았는데 어느덧 반세기를 헤매었습니다. 앞으로 얼마를 더 헤매자는 것입니까?

교수1: 어쩌면 오늘의 상황은 낚시꾼과 물고기의 싸움인 것 같습니다.

교수2: 물고기 입장에서 들으면 과히 기분이 좋지 않을 것 같군요.

교수1: 남한의 대북지원이 낚시밥이 아니란 말입니까?

교수2: 남한이 낚시꾼처럼 인내해야 된다면 그 말은 맞는 것 같습니다. 그러나 일단 싸움이 일어나면 누가 낚시꾼이고 누가 물고기가 될 것인지 분간하기가 쉽지 않을 것입니다. 그래서 고자세가 위험하다는 것이지요.

교수1: 그러면 저자세는 안전할까요?

교수2: 고자세보다야 안전하겠죠. 보기 민망한 것이 흠이지만.

교수1: 저자세는 상대방에게 오해를 불러일으키지 않을까요? 당당하지 못하면 만만하게 여길 테니까요.

교수2: 물고기가 낚시꾼을 어떻게 생각하든 무슨 상관이겠습니까? 결국은 아픔으로 솟구칠 것을.

교수1: 한국에 비둘기는 몇 마리나 될까요? 지붕에 사는 평화의 사절을 본 지가 오래군요.

교수2: 얼마인지는 알 수 없으나 아마도 거리의 쓰레기나 주워먹고 있지 않는지? 이웃 마을에 평화가 없으면 자기 마을에도 평화가 없죠. 북한에 자유가 없으면 남한도 자유로울 수 없고, 북한이 못 사는데 남한만이 결코 잘 살 수가 없죠. 우리의 고민은 여기에 있다 할 것입니다.

교수1: 그렇다고 언제까지나 자존심을 우산처럼 접었다 폈다 한단 말입니까?

교수2: 햇볕이 쨍쨍한데 구태여 펼칠 이유도 없지 않습니까? 자존심이 있는 곳에 반드시 상처도 있게 될 것입니다. 남의 마음을 다치게 해서 얻는 행복은 부러워할 것이 못 됩니다.

교수1: 나 자신을 먼저 지켜야 자유 또한 제대로 지킬 수 있지 않을까요?

교수2: 때로는 나 자신을 버릴 수 있어야 자신도 자유도 지킬 수 있게 됩니다. 어찌 자존심을 앞세워 대사를 그르친단 말입니까?

교수1: 대사라니요?

교수2: 속이 좋지 않은 사람은 자극적인 음식을 삼가고 속이 불편한 관계는 자극적인 말을 삼가는 것이 처방 아니겠습니까? 자극은 논외로 하고 반응만 일삼으니, 이것이 대사가 될까 겁이 납니다.

2000. 12. 10

꼴프

↪ 골프가 나쁜 게 아니고, 꼴프를 치니까 문제죠.

교수1: 우리 회동 좀 하십시다.

교수2: 회동이요?

교수1: 학과회의 말입니다. 정시에 오시면 천만원 드리겠습니다.

교수2: 참말입니까? 정식으로 가결된 것입니까?

교수1: 선량들 앞에서 공개적으로 공천할 것입니다.

교수2: 그렇다면 천만원은 이미 내 것이나 다름없습니다. 통장에 입금된 것으로 보겠습니다. 내가 정시에 입장 못할 것 같습니까? 그까짓 팔십타를 못 칠 것 같습니까? 팔십은 못 살는지 몰라도 팔만 걷어 부치면 팔십타 쯤이야 얼마든지 난타할 수 있으니까요. 지나친 과소평가에 대해 심심한 감사를 드립니다.

교수1: 주식시장 같은 세상인데 한 시간 후의 일을 어찌 장담한단 말입니까?

교수2: 마지막 벨이 울려보면 알 것 아닙니까? 투표를 해보면 알 것 아닙니까?

교수1: 본인의 민심을 제대로 못 읽으시는군요.

교수2: 천심하고 상관없는 민심은 읽으나마나 아닙니까?

교수1: 농담은 그만하고, 정말 오전에 학과회의가 있습니다. 잊으시면 안됩니다. 지난 번처럼.

교수2: 내가 돈 가지고 농담하는 것 보셨습니까? 돈 애기만 나오면 엄숙해지는 것 모릅니까? 설마 농담을 진담으로 받아들이는 것이 법에 저촉되는 것은 아니겠죠?

교수1: 그 역시도 조심해야죠. 지금 때가 어느 때입니까? 가뜩이나 온 나라가 신경이 과민한 때에.

교수2: 왜 우리나라가 상이라도 당했나요? 아직 죽지 않은 김일성이라도 있단 말입니까?

교수1: 차라리 상을 당했으면 조용하기라도 하고 통곡 후에 오는 카타르시스라도 있지.

교수2: 그러면 뭡니까? 골프가 왜 나쁜가요?

교수1: 골프가 나쁜 게 아니고, 꼴프를 치니까 문제죠. 삼당이 쌈당이 되는 것보다야 낫지만 합당하지 못한 것은 피해야 된다는 거죠. 그러니까 선거날에 생각지도 않은 떡국이나 마시고. 오월의 진미인 쑥국을 놔두고 말예요.

교수2: 그러면 최고위원들을 소집하는 이유가 뭡니까? 골프를 쳐야 정치를 할 수 있는 것 아닙니까? 모여야 선거의 패배를 논의하고 양주로 설욕을 할 것 아닙니까?

교수1: 왜 이러십니까? 우리 농담은 그만 하십시다. 이러다가 해지겠습니다.

교수2: 지는 해라고요? 정말 혼마로 혼나보시겠습니까?

교수1: 인제는 가볼 때가 된 것 같습니다. 서산 아니 면 산으로, 아니 논산이던가?

교수2: 정도를 주장해 상도 역시 아는 줄 알았더니 겨우 찾아가는 곳이 상도동이라니, 정치의 거상은 못되겠어.

교수1: 정치란 원래 이리 저리 뛰어다니는 것 아니겠습니까?

교수2: 뛸 필요가 뭐가 있습니까? 또박또박 아니 도박도박, 정도로다가 파만 치면 될 것 아닙니까? 뛰어다니는 사람일수록 보기 아니면 더블 보기 하기 일쑤니 보기가 민망하단 말입니다. 그러니 내기라도 해서 천천히 걷는 연습을 해야죠.

교수1: 거기에 왜 내기가 들어갑니까?

교수2: 대통령께서 늘 강조하는 것이 무엇입니까? 경쟁력 아닙니까?

교수1: 그것은 경쟁력 있는 국가를 의미한 것이지 내기 골프를 의미한 것은 아니지 않습니까?

교수2: 그러면 박세리가 우승했을 때 대통령이 축전은 왜 보냈습니까? 박세리가 한 골프는 내기 골프 아니었습니까? 상금이 있고 상품이 있지 않았습니까? 상품이 없었을 때는 아픔이 있었지 않습니까?

교수1: 그래서 모처럼 어린 아가씨들이 외국에 나가 가꿔 놓은 골프의 좋은 이미지를 늙은 정치인들이 훼손시킨단 말입니까?

교수2: 그것이 프로와 아마의 차이 아니겠습니까?

교수1: 자신의 꽃밭을 망가뜨리는 것이 노망이 아니고 무엇이겠습니까? 나이 들어 운동 하나 해보려고 했더니 그나마도 틀린 것 같습니다.

교수2: 하루아침에 배부를 수 없지 않습니까? 정치도 살얼음 같은 그린 위를 걷다보면, 만나서 회동하고 부화뇌동하면서 자주 그린 소주를 마시다 보면, 참이슬같이 마음이 깨끗해져 비록 내기해도 공과 상을 다투지 않고 그래서 나라 전체가 컨트리 클럽처럼 골프장처럼 조용하고 즐거운 날이 오지 않겠습니까?

2001. 5. 10

궁예지책

↬ 두 눈을 가진 자들이 못 보는 것을 한 눈을 가진 자가 얼핏 훔쳐보았으니, 그의 시력이 뛰어남이요, 북방 멀리 만주를 보면서도 미쳐 코앞의 위험을 보지 못했으니 그의 안목이 소경만도 못하다 할 것입니다.

교수1: 이번 주면 궁예가 끝이라지요?

교수2: 그러게 말입니다. 애꾸눈이 내뿜는 살기가 볼만했는데. 그 눈마저 감을 날이 곧 올 것 같군요.

교수1: 천년 만에 이루어진 그의 컴백이 그만하면 성공적 아니었습니까? 잔인한 만큼 비전도 있는 광대였는데, 역사적 평가가 간단하지는 않겠죠?

교수2: 두 눈을 가진 자들이 못 보는 것을 한 눈을 가진 자가 얼핏 훔쳐보았으니, 그의 시력이 뛰어남이요, 북쪽 멀리 만주를 보면서도 미쳐 코앞의 위험을 보지 못했으니 그의 안목이 소경만도 못하다 할 것입니다.

교수1: 그가 후세에 남긴 것은 무엇일까요?

교수2: 무덤도 없는 그가 남길 것이 어디 있겠습니까? 석자도 못되는 이름 두자, 그것이 전부 아닙니까? 남긴 것보다는 묻힌 것이 더 많겠죠.

교수1: 법봉이나 관심법도 유물이라면 유물이 아니겠습니까?

교수2: 법봉은 권력자의 장난감이요, 관심법은 옥좌의 둘레에서 행해지는 법 중에 법인데, 그 옛날 것들을 5.16 군부세력이 온고이지신이라 하여 물려받지 않았습니까? 법봉은 곤봉으로 개조해 주먹을 부수고 총을 만들고, 관심법은 국가보안법으로 확대하여 곰팡이처럼 죽지도 않고 살아있지 아니합니까? 5.18 이후 광주에서 부작용이 심해서 요즈음은 보기가 뜸하지만, 나라가 혼란스러우면 궁예지법은 거짓 미륵처럼 언제든지 나타날 수 있는 거죠.

교수1: 국민들은 계속되는 용의 눈물에 대해 어떤 반응을 보여야 할는지요? 일단은 동정을 하게 되지 않을까요? 그들은 어쩌면 자신들의 또 다른 자신이니까 말입니다.

교수2: 계속해서 삶과 드라마를 착각하겠죠.

교수1: 착각은 대권을 준비하는 정치권에서 특히 심하지 않겠습니까?

교수2: 월드컵축구장 화면에 자신의 얼굴이 동해의 해처럼 회창하게 떠오를 때면 자신에 대해 자신도 모르게 흥분한 관중이 되고 말죠. 아, 대권! 하면서 말입니다. 중권이 관중을 석권하지 못하고 대권에 밀리다니. 그것도 대구에서. 사과의 도시에서 사과 하나 받아낼 수 없다니.

교수1: 그것이 어찌 애석할 일이겠습니까? 교수님의 야성은 어디 갔단 말입니까?

교수2: 야성도 좋지만 여성도 나쁘지는 않죠.

교수1: 어떤 여성 말입니까?

교수2: 왜, 뱀의 친구 있지 않습니까? 주소가 에덴 어디로 되어 있는.

교수1: 그러면 앞으로 여권을 위해 일하실 작정입니까?

교수2: 여권은 신장되어야지요. 안 되면 연장이라도 하든가.

교수1: 그건 그렇다 치고, 복잡하니까, 햇볕정책도 어떤 의미에서는 궁예의 북벌정책 같은 것이 아닐까요?

교수2: 좀더 두고 볼 일이지만, 그것은 독단적인 궁예의 궁예지책과는 달리 더 이상 어찌할 수 없는 우리의 궁여지책에서 나온 것이라서 어와 아가 사뭇 다르다고 할 수 있죠.

교수1: 우리의 현실을 지난 날 후삼국에 비교할 수가 있을까요? 삼당으로 갈라진 것을 보면 뭔가 흡사한 데가 있지 않습니까?

교수2: 역사적으로 볼 때 가뭄에 논바닥처럼 갈라지는 것은 우리의 생리요 전통이었습니다. 가뭄이 계속될수록 국민들은 큰비를 고대할 것입니다.

교수1: 우리의 현실은 큰 비를, 큰 정치를 기대할 수 없다는데 문제가 있는 것 아닙니까?

교수2: 한 사람에게 의지하는 정치는 하루만의 단비에 의존하는 거나 마찬가지일 수밖에는 없습니다. 갈라진 논바닥의 골이 깊을수록 더 많은 비가 필요하듯이 정치의 힘과 위력도 어느 한사람이 공급하는 데는 한계가 있을 수밖에 없을 것입니다.

교수1: 그러면 선택의 여지가 없는 우리의 현실은 더욱 답답하지 않습니까? 그 얼굴이 그 얼굴이지 않습니까? 우리는 궁여지책도, 궁예지책도 없는 것 아닙니까?

교수2: 정치를 위탁, 관리하던 시대는 지났습니다. 국민 하나하나가 궁예도 되고 왕건도 되어야 할 것입니다.

교수1: 현실적으로 불가능하지 않습니까?

교수2: 드러난 최악의 선택보다는 현실적인 불가능이 오히려 가능성이 많다고 보는 것이죠. 국민이 주인이 되고 정치인이 허수아비가 되어 그들로 하여금 가을의 푸른하늘 아래 온갖 잡새들을 쫓게 만드는 것이 미래의 정치일 것입니다.

교수1: 허수아비들이 새 대신 주인을 쫓아버리지는 않을까요? 예전처럼.

교수2: 물론 그럴 가능성이 있죠. 그러나 어차피 인간의 역사는 주인과 허수아비의 투쟁 아니겠습니까? 허수아비들이 선거유세에서는 열심히 새들을 쫓겠다고 약속해놓고 나중에는 주인을 허수아비로 만들어버리지 않습니까? 이제는 번번이 속고만 산 허수아비들이 뭉칠 때입니다. 참새보다 거짓 주인을 먼저 쫓아 버릴 때입니다. 우리의 궁여지책이 완강한 궁예지책을 이기지 않을까요, 막다른 골목에서는?   **2001. 5. 25**

정치세탁촉진법

↯ 사람이 때로는 짐승만도 못하다는 것 모르셨습니까?
짐승이 뻔뻔하게 속이는 것 봤습니까?

교수1: 돈을 세탁하면 깨끗해질까요?

교수2: 그러니까 세탁을 방지하자는 것 아닙니까?

교수1: 돈도 사람처럼 과거를 물어야 할까요?

교수2: 과거를 묻지 않으면 평생 엉뚱한 사람하고 붙어 다녀야 하겠죠. 부정과 동침하면 비리가 생겨나죠. 일단 아이가 생기면 키워야 하고.

교수1: 그러면 정치를 세탁하면 어떻게 됩니까? 더 더러워지나요?

교수2: 그 반대겠죠. 말이 좀 이상해지만. 그래서 4년마다 투표함에 넣고 빨지 않습니까?

교수1: 빨기는 빨되 물빨래만 하는 것 아닙니까? 뜨거운 물에 양잿물로 푹푹 삶아야 때와 얼룩이 질 텐데. 매일 빨고 빨아도 청백리가 되기는 어려울 것입니다.

교수2: 정치인치고 깨끗한 것 좋아하는 사람이 누가 있겠습니까?

세상 모두가 자로 잰 듯 가지런하여 빈틈이나 뒷골목이 없으면 무슨 맛으로 산답니까? 세상에 깨끗한 것처럼 불편한 것도 없을 것입니다.

교수1: 그 명언에 돼지들은 선뜻 동의할는지 모르지만, 그래도 호모 사피엔스에 속하는 여야는 소위 사람이지 않습니까?

교수2: 사람이 때로는 짐승만도 못하다는 것 모르셨습니까? 짐승이 뻔뻔하게 속이는 것 봤습니까? 고양이가 눈 가리고 아옹하는 것 봤습니까? 돈세탁방지법에서 자기들만은 예외로 하겠다니요? 의외도 그런 의외가 어디 있습니까? 그러니까 의회겠지만.

교수1: 사람은 그만두고라도 짐승들조차 웃을 일이죠. 집에서 매일 샤워하고 정장하고 돌아다니는 인간들이 어쩌다 빗물에 목욕하는 짐승보다 훨씬 불결하다니.

교수2: 이들은 세상을 돼지우리로 만들어야 속이 편하죠. 모두 함께 뒹굴어야 탈이 없죠. 자신들의 배설물로 온몸을 마사지하면서.

교수1: 대체 돈이란 무엇일까요?

교수2: 없으면 모든 문제의 근원이 되는 것이 그것이지요.

교수1: 그러면 정치인들을 나무랄 수만도 없지 않습니까?

교수2: 그러나 성경에 뭐라고 했습니까? 돈을 좋아하는 것이 만악의 근원이라고.

교수1: 정치인은 성인이 아니지 않습니까?

교수2: 그렇다면 자기와 동류인 일반인의 심정도 알아야 할 것 아닙니까?

교수1: 그러나 돈의 힘이 워낙 큰지라 눈치가 마비되고 흑백인지 컬러인지 구분이 어려워지죠.

교수2: 눈치가 마비되어 뇌물과 정치자금을 구별 못하는 자들에게 국가예산을 맡기니 계산이 잘 되겠습니까? 그래서 장부가 치부가 되는 것 아닙니까? 그 문제의 장부 때문에 대장부가 못되는 것 아닙니까?

교수1: 하필 그런 자들을 매번 기계로 국수 뽑듯 뽑아놓으니 그 모양이죠.

교수2: 앞으로는 손으로 반죽을 하고 칼 아니면 이빨로 잘라야 할 것입니다.

교수1: 기계국수나 칼국수나 과연 다른 것이 있을까요?

교수2: 저들이 계속 돈세탁을 하겠다는데 국민들이라 해서 그 세탁한 돈이 마르고 닳을 때까지 기다릴 수는 없겠지요.

교수1: 아무리 때려도 당나귀가 한발자국도 앞으로 안가겠다고 하면 어찌해 볼 도리가 없지 않습니까?

교수2: 저들을 매질하고 호질해서 여론의 입법이 매보다 무섭고 아프다는 것을 보여줘야겠지요. 그들이 돈세탁방지법을 통과시키지 않으면 국민은 정치세탁촉진법을 통과시켜 국회를 대청소해야겠지요. 반도강산을 왁스로 칠해 번쩍번쩍 광을 내야할 것입니다.

교수1: 지역감정이란 낡은 세탁기로 잘 될까요? 게다가 탈세로 얼룩진 언론이 정치인 세탁을 더욱 어렵게 할 텐데. 적어도 공정거래의 입장에서 보면.

교수2: 그래도 저들이 일은 않고 감히 제 월급만 올리지는 못할 것입니다. 싸움하는 것도 일입니까? 삿대질도 노동입니까? 정치세탁촉진법을 저지하면서 감히 엉뚱한 법을 입법예고하지는 못할 것입니다. 그러려면 자기가 파놓은 무덤에 제일 먼저 입장해야 할 것입니다.

교수1: 과연 우리의 선량들이 무노동 무임금의 원칙을 준수할까요? 무노동은 가만두고 무임금은 세탁하려 들지 않을까요?

교수2: 빨래 방망이의 용도가 빨래에만 국한되지는 않을 것입니다. 위아래로 오르락내리락 하는 것이 불결하고 불순한 무리들 위에 철퇴처럼 떨어질 때, 장마의 먹구름 속에서 불쑥 튀어나온 벼락의 주먹이 빗발처럼 쏟아지고, 연이어 국민들이 언제부터인가 도둑으로 변해버린 인간들을 깨끗한 선거의 세탁을 통해 심판하게 될 때, 돈세탁방지법의 통과는 문제도 되지 않을 것입니다. 그들은 자청해서 자기들 계좌를 추적해 달라고 애원할 것입니다.

교수1: 빨래도 걸레도 말입니까?

교수2: 물론이죠. 하다못해 1회용 기저귀까지도. 그때야 비로소 백의민족이라 할 것입니다. 하루 빨리 정치라는 개판이 빨래판으로 바뀌어야 할 것입니다. 지금이 그 때입니다. 2001. 6. 25

인물론 人物論

⇨ 어떤 미꾸라지를 용으로 만들어야 할지 실로
난감하기만 하군요.

교수1: 시국의 형세로 보아 무슨 일이 일어나도 일어날 것 같지
않습니까?
교수2: 아직은 먼 바다의 태풍이지만 슬슬 몸을 풀면서 조만간 몰
려올 것입니다.
교수1: 과연 우리 시대의 영웅은 누구일까요?
교수2: 모르긴 몰라도 작품이 신통치 않을 것입니다.
교수1: 우리에게 국민과 피서객의 차이가 있습니까?
교수2: 몰래 버린 쓰레기와 그것을 버린 자 간에 무슨 차이가 있
겠습니까? 금수강산이 어쩌다 금수의 나라로 변하다니!
교수1: 그러게 말입니다. 사람들이 아무렇게나 뽑아놓고 버려버
린 지도자는 어떻게 되는 것입니까?
교수2: 댐에 밀려가 오도가도 못하는 지존한 적체들이죠. 그래서
나라는 또 답답해지죠. 쓰레기산은 산 너머 산이니까.

교수1: 그 얼굴이 그 얼굴이니 탈바가지에 투표하는 것이 무슨 의미가 있을까요?

교수2: 탈만 보고 찍으면 탈나니까 차라리 춤을 보고 찍어야겠죠.

교수1: 대선주자들의 한판 춤이 볼만하겠는데요?

교수2: 성급한 주자는 차차차로 나갈 것이요, 신중한 사람은 부르스를 밟을 것입니다. 썩은 가락에 썩은 동작, 진정 한판 춤이 어지러울 것입니다.

교수1: 곡이 바뀌면 춤도 바뀌지요. 춤에서 쌈으로. 자연스러운 진행이 아니겠습니까?

교수2: 그때는 말이 칼로 변하겠지요.

교수1: 말부림에서 몸부림, 그리고 마침내 칼부림. 어쩌면 역사가 걸어온 길이 아니겠습니까?

교수2: 죽지 않기 위하여 죽이는 것이 선거죠. 때는 바야흐로 그쪽으로 가고 있습니다.

교수1: 어떤 미꾸라지를 용으로 만들어야 할지 실로 난감하기만 하군요.

교수2: 용이 돼서는 미꾸라지를 끌고 다니니 고민한들 무슨 소용이겠습니까?

교수1: 고이즈미가 미꾸라지가 돼서 자꾸만 아시아의 물을 흐리게 하는데, 모두들 정신 차려야 하는 것 아닙니까?

교수2: 태극기가 일장기한테 질 수는 없겠지요.

교수1: 우리는 지도자가 없지 않습니까? 기대와 지지를 삼태기처럼 등에 짊어진.

교수2: 우리는 죽어야 겨우 칭찬을 하는 민족 아닙니까? 산 사람은 기껏해야 아첨밖에는 못 받지요. 정당의 고래 싸움에 국민들만 등 터지지요. 보는 사람은 속 터지고.

교수1: 도대체 어떤 이를 지도자로 뽑아야 할까요?

교수2: 사기에 나오는 이극의 말을 빌자면, 다음과 같은 것들을 참고할 필요가 있죠. 첫째 불우했을 때 어떤 자와 사귀었는지, 둘째 부유했을 때 누구에게 베풀었는지, 셋째 높은 지위에 있을 때 누구를 등용했는지, 넷째 궁지에 몰렸을 때 어떤 처신을 했는지, 마지막으로 가난했을 때 탐취貪取를 하지나 않았는지 말입니다.

교수1: 그런데 우리는 인물을 평가할 때 출신지부터 보지 않습니까?

교수2: 그러니 인물이 있을 까닭이 없지 않습니까? 그래서 대구에서는 대구만한 인물이 나오고 광주에서는 광주만한 인물밖에는 못 나오지 않습니까? 잣대가 아닌 것으로 인물과 사물을 재니 수치와 이치가 다르고 이상과 현실간의 오차가 격차가 벅찰 지경에 이르게 되지요.

교수1: 우리 시대에 유능한 지도자는 과연 어떤 자일까요?

교수2: 내가 좋아하는 사람은 사물을 이야기할 때 목전의 이익만을 앞세우지 않는 사람입니다. 내가 존경하는 사람은 남을 돕지 않으면 존재의 의의를 못 느끼는 사람입니다.

전자를 갖추었다면 학문이 충분하고, 후자를 갖추었으면 자질이 충분하다 할 것입니다. 그러나 진정으로 유능한 자는 큰 것을 위해 작은 것에 구애되지 않고 소기의 목적을 이루는 자입니다.

교수1: 원칙을 앞세우는 지도자는 과연 양심적일까요?

교수2: 원칙을 지나치게 강조하는 자는 보기와는 달리 비겁하기가 쉽습니다. 그것을 변명이 아니면 피난처로 삼기 쉬우니까요. 사람이 가는 길은 시위 떠난 화살과는 다를 것입니다. 새처럼 자유로운 것이 오히려 원칙에 가깝다 할 것입니다. 자연의 법칙과 거리가 먼 것은 원칙이 아닙니다. 곧은 화살을 보내기 위해서는 활은 잠시 휘지 않으면 안 됩니다. 원칙의 잣대를 휘두르는 자는 "자유케 하는 진리"를 오히려 사람 잡는 덫으로 만들죠. 바리새인 같은 자들이 그런 자들 아닙니까? 이들은 사실 소인배로서 예수조차 싫어했습니다.

교수1: 그러면 원칙을 무시하고도 유능하고 양심적인 지도자가 될 수 있다는 것입니까?

교수2: 늘 문자의 한계를 염려하여 그것을 극복하고자 하는 자는 글을 안다고 할 것이며, 원칙 못지않게 예외도 많다는 것을 아는 자는 옳고 그름 사이에서 자칫 발을 헛딛지 않을 것입니다.

2001. 9. 10

회항 回航

휘어진 백두대간을 부동자세로 바로 잡을 수 있는 결단이 있어야 합니다. 대한민국은 처음부터 다시 시작해야 합니다. 반만년 전으로 다시 돌아가야 합니다. 승객을 가득 싣고. 그 때의 푸른 하늘로 회항해야 합니다. 다가서는 공포와 재앙을 막으려면 그 수밖에는 없을 것입니다.

교수1: 세상이 내내 어수선한 이유가 무엇일까요?

교수2: 우리나라가 금수강산이지만 나라터로는 명당은 아닙니다.

교수1: 그래도 반만년 역사의 실을 이어오지 않았습니까?

교수2: 어수선하게 엉키면서 말입니까?

교수1: 요즘 신문을 펼치면 완전히 야밤에 폭죽입니다. 터진 것이 또 터지니까요.

교수2: 캔들이 아닌 스캔들로 대낮을 밝히죠. 낯뜨겁게.

교수1: 문제는 구경꾼만 늘어나고 일꾼은 줄어드는 것이 아니겠습니까?

교수2: 떡방아가 아니면 입방아라도 찧어야겠지요. 마침 추석도
되고 했으니.

교수1: 오리지널을 무색케 할 백수들의 방아타령이 아침의 무거
운 분위기를 흔들어야 하지 않을까요? 정초는 아니지만.

교수2: 소음과 잡음을 함께 빻으면 침묵의 고운 가루가 되겠지요.

교수1: 설마 지금 세상이 우리가 떠들어서 어수선하다는 말씀은
아니겠죠?

교수2: 말씀이든 말쌈이든 상관없습니다. 날 잡아서 전 국민이 하
룻동안 입 다물고 서럽게 푸른 가을하늘을 올려다보며 생각만
했으면 좋겠습니다.

교수1: 무슨 생각을 해야 되죠?

교수2: 오늘 아침 풀잎에 맺혔던 수많은 이슬들은 다 어디로 사라
졌나, 뭐 그런 희은한 생각도 괜찮겠죠.

교수1: 그러면 어수선한 세상이 어수는 어디로 가고 선한 세상이
될까요?

교수2: 사천만이 모두 팔짱끼고 하늘을 올려다보기만 한다면 이루
어지지 않을 것이 무엇이겠습니까? 참선은 그렇게 하는 것이죠.

교수1: 참선은 모르겠는데, 팔을 걷어붙이는 것이 오히려 정답 아
닐까요?

교수2: 팔짱일랑 옆사람이랑 끼면 되죠. 혼자만 끼지 말고. 그거
야말로 오히려 팔을 걷어붙이는 것 아닐까요? 도대체 청와대
는 무엇 때문에 바라봅니까? 거기에 진정한 푸르름이 있습니까,

제대로 된 안방과 처마가 있습니까? 추석이라고 곶감이 있나요?

교수1: 불경기에 부정부패는 정권의 장래에 스위치를 꺼버리는 것이 아니겠습니까?

교수2: 스위치는 벌써 내려졌습니다. 요즘 여론 같으면. 청와대도 하루쯤 스위치를 내리고 국민들의 어둠에 동참하는 것이 좋을 것입니다. 그것이 어려우면 마당에 나와 푸른 가을하늘을 고개 아프게 올려다보기 운동에 나서보던가. 눈치 봐가면서.

교수1: 그래도 철의 장막이 다소나마 올라갔으니 다행 아닙니까?

교수2: 구름 낀 날이 많으니 햇볕이 위력을 발휘할 수 없는 것이 안타깝기만 합니다. 한반도가 캘리포니아 가까이만 붙어 있어도, 햇볕정책이란 이상한 이름의 일기예보 같은 정책이 나오겠습니까?

교수1: 하나님이 주신 나라의 풍수를 무슨 수로 바꾸겠습니까?

교수2: 휘어진 백두대간을 부동자세로 바로 잡을 수 있는 결단이 있어야 합니다. 대한민국은 처음부터 다시 시작해야 합니다. 반만년 전으로 다시 돌아가야 합니다. 승객을 가득 싣고. 그 때의 푸른 하늘로 회항해야 합니다. 다가서는 공포와 재앙을 막으려면 그 수밖에는 없을 것입니다.

교수1: 곰과 호랑이가 살던 굴은 벌써 메워져버렸지 않습니까?

교수2: 우리의 의식 깊이 숨어 있는 굴은 아직도 멀쩡합니다. 그렇게 인간이 되고 싶어했던 두 동물, 적어도 그 중 하나는 성공했습니다.

2001. 10. 10

역사 속의 멍군 장군

↪ 욕으로 가득 찬 세상을 만들기에 우리가 늘 욕보는
것 아닌가?

교수1: 땅이 풀리자 꽃에는 새 뜻이 생겨나고.

교수2: 얼음 녹자 물소리는 옛 소리를 들려주네.

교수1: 세상이 풀리면서 새 시비가 들끓고.

교수2: 긴장이 녹으면서 목청이 거칠어지네.

교수1: 빙판 위를 달리는 자 위태하기만 한데.

교수2: 발표된 명단에 자기 이름이 주홍 글씨라.

교수1: 세상 돌아가는 것이 또 심상치가 않으니.

교수2: 우리가 타고 있는 것이 기차인가 아니면 회전목마인가?

교수1: 파헤치는 자와 감추려는 자의 싸움이 볼만하구만.

교수2: 정치인들의 치맛속이 무슨 볼거리가 있다고?

교수1: 그래도 치맛속이니까.

교수2: 씨 없는 수박이라도 된다는 건가?

교수1: 달콤한 속살 속에 화근의 불씨를 못 보는 거지.

교수2: 친일반미가 다 한때의 불장난이었건만.

교수1: 덮었다고 꺼진 줄 안 것이 오산이었지.

교수2: 취지인즉 불씨를 *끄*자는 것 아닌가?

교수1: 그런데 오히려 불씨가 살아나고 번지고 있으니. 때로는 폭죽이 되어 하늘로 올라가고.

교수2: 재가 되어 흩어졌던 것이 자꾸만 되살아나니, 우리의 산하가 걱정 아닌가?

교수1: 역사 속에 불씨 찾기가 계속되는 한 산불은 끊이지 않겠지.

교수2: 정권이 바뀔 때마다 바람이 불고 산불이 일어나니. 반도 강산이 산불 대신 온통 진달래로 덮일 수는 없는 것인지.

교수1: 아, 이런 개나리한 말들이 무슨 소용이 있으랴?

교수2: 도라산 역에서는 멈춰야지. 돌아서던가?

교수1: 발이 못 움직이니 손이 바빠지고, 손이 바빠지니 손가락질이 발달해 아무데나 손가락을 조준하니 세상이 나침반이 되고, 때로는 과녁이 되어 결국 비난의 총알에 창호지 얼굴이 휑 뚫리지 않는가?

교수2: 이왕 손가락질을 하려면 세상의 모든 죄악을 가리킬 것이지, 왜 죄는 놔두고 사람만 가지고 싸우려 하는 것인지? 십자가는 못 질망정 왜 로마 병정처럼 목수처럼 십자가만 더 만들려고 하는지?

교수1: 욕으로 가득 찬 세상을 만들기에 우리가 늘 욕보는 것 아닌가?

교수2: 주먹보다 욕설이 더 빠른 세상이야. 욕설의 펀치를 맞아보지 않은 사람은 세상의 매운 맛을 모르지.

교수1: 그래서 우리의 욕설은 역사로 아니 엿사로 보이지 않는 시간의 잉크를 풀어 점잖게 줄 것을 되돌려줘야 하는 것 아닌가?

교수2: 정치와 언론은 참새처럼 멀리 쫓아버리고 말인가?

교수1: 참새가 영원히 날아가 버리는 것 봤나? 정치가 파업하는 것 봤나?

교수2: 전국의 허수아비들이 총파업을 하지 않는다면 누런 황금벌판이 하루인들 편할 날이 있으랴?

교수1: 정녕 참새로 방아를 찧을 날은 오지 않을까?

교수2: 그러니 계속 부질없는 입방아만 찧을 수밖에. 그래서 역사는 명군 장군 아닌가?

교수1: 지금은 명군이 이겼나, 아니면 장군이?   2002. 3. 10

무등산 아래 영도다리

↳ 급변하는 사회에서 과거에 대한 미련은 그야말로
미련한, 물거품으로 집짓기죠. 실패의 비밀번호가
보이지 않습니까?

교수1: 우리 정치가 제법 재미있게 돌아가지 않습니까?

교수2: 모든 외제 수입품이 민주당 예비선거만 같다면야.

교수1: 광주에서 부산이 압승을 하다니 광주 민주화 운동 이후 쾌
거 아닙니까? 무등산 아래 오륙도가 보이고 그 옆에 영도다리
가 파도 속에 두 다리를 담그고 서 있다니.

교수2: 5년 전에 보여주었던 광주의 지독함이 춘삼월 봄기운을
힘입어 너그러움으로 바뀐 것이겠죠.

교수1: 한풀이를 하더니 조금 성숙해진 것 아니겠습니까?

교수2: 차별을 당하더니 구별을 못하는 것은 아닐는지? 정치는 "가
능성의 예술"이란 말이 있기는 하지만.

교수1: 문제는 개혁세력이 또다시 집권할 수 있느냐는 것이지요.
기러기처럼 떠나간 민심을 춘삼월 제비로 만들 수 있느냐 하는

것입니다.

교수2: 쌍둥이 빌딩을 짓는 것만큼이나, 케네디 공항을 옮기는 것만큼이나 쉽지는 않을 것입니다. 월드컵 16강 통과가 차라리 쉬울 것입니다.

교수1: 그러나 한국정치에서 과거로의 회항은 이미 불가능한 것 아닙니까?

교수2: 현재 야당의 문제가 바로 거기에 있습니다. 다소간의 궤도수정을 한다 해도 크게 보면 과거 잘 나가던 시대에 대한 향수가 지배적이죠. 급변하는 사회에서 과거에 대한 미련은 그야말로 미련한, 물거품으로 집짓기죠. 실패의 비밀번호가 보이지 않습니까?

교수1: 그러나 계속 정치실험을 하는 것도 위험하기는 마찬가지죠.

교수2: 민주주의는 그 자체가 실험입니다. 선거는 바로 선택인데, 어찌 매번 현명한 선택을 기대할 수 있겠습니까? 한국의 민주주의 실험은 이제부터입니다.

교수1: 그래도 현 정권의 의약분업이나 교육개혁을 생각하면 온고이지신 소리가 절로 나옵니다. 끝없는 파업과 깃발과 바람 잘 날 없는 정국은 누구의 업보입니까?

교수2: 한 번 실패했다 해서 영영 실패한 것이라 해병할 수는 없죠. 병원은 병을 다스리고 약은 사람을 낫게 하며 교육은 사람을 사람으로 만들어야 하지 않겠습니까? 이것이 어찌 한 번의 실험 대상이 될 수 있단 말입니까? 실험이 겁난다고 실험실문을 잠그고 일찍 퇴근해야 옳겠습니까?

교수1: 나이가 들면서 자꾸만 뒤를 돌아보게 되니 신당을 만들고자 하는 사람들을 이해할 수 있을 것도 같습니다. 나이 들수록 입맛은 왜 그리 까다로워지는지.

교수2: 그래서 밥맛끼리 모이는 것 아닙니까? 그렇게 돌아본 과거는 실제의 과거가 아닙니다. 추억 속에서 미화된 것이지. 입 속에 엑스터시 털어 넣고 허공에 두 눈 굴리면서 바라보는 과거지. 군사독재는 다 잊어버리고 경제발전만 존재하는 과거가 우리 역사 어디에 있더란 말입니까?

교수1: 민주당은 과연 개혁 후보를 낼 수 있을까요?

교수2: 고속전철이 광주역에 설 수 있는지가 더욱 궁금합니다. 단합하지 못하면 달리는 전철에서 모두 뛰어내려야 할 것입니다. 일곱 후보 모두 다.

교수1: 그러나 무등산 아래 영도다리의 무지개가 우뚝 섰으니, 서둘러 비관할 필요는 없지 않겠습니까?

교수2: 비관하다니요? 비관은 습관이고 낙관은 노력입니다.

2002 3. 25

대통령의 아태와 나태

⇗ 배추는 고추에 물들어도 맛있기만 하던데. 사람은
물들면 왜 그리도 역겨운지.

교수1: 대통령의 자식농사가 어찌 그 모양입니까?

교수2: 글쎄 말입니다. 연속 흉작이니, 참으로 나라의 화근덩어리
가 대통령 자식들입니다.

교수1: 얼마전엔 황사 때문에 눈을 못 뜨고 이제는 스캔들 때문에
온 국민이 거국적으로 얼굴을 못 들게 생겼으니.

교수2: 대통령은 자식이 많을 것이 아닙니다. 엉뚱한 데에 집 장
만 할 일이 있으면 몰라도.

교수1: 왕자가 많으면 난이 잦고, 아들이 많으면 탈이 많고. 이름
마저 넓을 홍弘자 돌림이니 더욱 조심해야 할 터인데도. 치국평
천하한 다음 수신제가 하려는지.

교수2: 부덕한 데서 부도덕이 나온다 했습니다. 몸이 편해지면 맘
도 맘대로 당연히 편해질 줄 알았죠. 아태하고 나태해져서 고단
했던 시절은 아예 없었던 것으로 착각하니 이런 노망은 도무지

동정이 가질 않습니다.

교수1: 정말 분하고 허무합니다. 봄이라서 더욱 그런지. 엊그제까지만 해도 등불처럼 환하던 길가 벚꽃은 다 어디로 가고. 이런 마음을 누가 알아줄지?

교수2: 그래서 어제도 무등산 달 밝은 밤에 밤 드리 노닐다가 두 다리가 네 다리가 되도록 놀고 마신 건가요?

교수1: 답답한 현실이 날 밖으로 내몰지 않습니까? 월드컵이 월드꽝으로 끝나버리는 것은 아닌지? 귓전에 세상 무너지는 소리가 들리는 것만 같습니다.

교수2: 번번이 빗나가는 복권같은 세상이라지만 복권도, 광주도, 월드컵도 꽝이라니 항상 터지면서 산 이유가 있었구면. 보리쌀 흰쌀 강냉이 할 것 없이 길목마다 터지면서 싸운 이유가 고작 그런 것이었던가? 하나는 민주를 짓밟고 하나는 민주를 팔아먹고. 이제는 어떤 길목에 서야 할지? 구경꾼, 엑스트라들은 다 어디로 가야할지?

교수1: 사람 마음 가지고 장난치는 사람치고 제대로 풀리는 것 못 봤습니다.

교수2: 첫사랑을 버린 자, 정치공약을 남발한 자, 지역감정을 선동한 자, 온몸으로 국민의 신뢰를 저버린 자. 저들의 몰락을 눈여겨 볼 것입니다. 우리 여생이 결코 심심치는 않을 것입니다.

교수1: 권력처럼 쉽게 부패하는 것도 없죠. 배추는 고추에 물들어도 맛있기만 하던데. 사람은 왜 그리도 역겨운지.

교수2: 권력 앞에 무기력한 것이 인간의 실존이 아니겠습니까?

교수1: 정치가 부패하면 언어가 부패하고, 언어가 부패하면 시인이 뛰어드는 수밖에 없죠. 메뚜기처럼. 그렇게 해서라도 언어를 지킬 수만 있다면.

교수2: 정명正名과 공명功名은 원래 한 형제였건만. 민주니 자유니 인권이니 하는 말들일랑은 차라리 썩은 홍어보다도 못합니다. 쏘는 맛조차 없어졌으니. 조상적부터 가꿔 온 말을 정치가 망치고 있습니다. 그 소중한 말의 천 냥 빚을 탕진하고 있습니다.

교수1: 원래 남 좋은 일만 하는 자가 시인 아닙니까? 굶주린 헛소리의 의미를 알지 모르지만. 훈민정음으로 강물에 달 도장을 찍어야 할 것입니다.

교수2: 천 개의 강물에 말인가요? 오직 시인만이 그렇게 할 수 있건만, 그것을 시인할 사람은 아무도 없을 것입니다. 원고지를 들고 다니지만 몸과 마음은 늘 피고이고 피곤합니다.

교수1: 말의 부도수표를 추적해보면 낙태시켜 지워버린 진실이 웅크린 태아로 살아 있습니다. 요즈음도 '현장추적'인가 뭔가 하던가요? 영재교육 어쩌고 하지만 도적 앞에서 우적가禹賊歌를 부를 수 있는 영재는 하나 없고, 예술마저도 도둑이 되어 텅 빈 마음들만 털 궁리를 하니. 도대체 누가 이런 요술 같은 세상을 만들었는지. 불법에다 마법까지.

교수2: 무지한 백성들 모두가 십시일반한 것 아니겠습니까? 시대의 천박함이 극에 달하는 날, 바라던 천지개벽이 올 것입니다.

2002. 4. 25

오 루사!

↪ 이제는 모두가 분노하고 심판할 때입니다. 가버린
태풍을 다시 불러와야 합니다. 난장판인 우리의
정치판을 뒤엎도록. 의사당 지붕 상판을 날리도록.

교수1: 오 루사!

교수2: 맙소사요?

교수1: 언제 그랬냐는 듯 지나가 버린 것 말입니다.

교수2: 온 나라가 하루아침에 갯벌로 변하고 말다니.

교수1: 해마다 재앙의 규모가 커지니 어찌된 일입니까?

교수2: 바람과 구름과 바다가 삼자연대를 하는 이유가 무엇인지
알아 봐야겠지요.

교수1: 글쎄, 그 이유가 무엇일까요?

교수2: 그거야 모두 불러들여 대질심문을 해봐야겠지만, 인간의
무지와 탐욕이 그들을 쉽게 뭉치게 하지 않았을까요?

교수1: 인간의 무지와 탐욕이라……

교수2: 억울하게 허리를 잘린 수많은 산과 언덕들에게 물어보면

알 것 아닙니까?

교수1: 흐르는 강물의 흐름을 방해한 부실공사의 다리들도 하루 아침에 비구름과 흙탕물을 합당하도록 만들었죠. 그런 다리를 만든 자들은 모두 다리를 분질러 놓아야 합니다. 놀부의 제비 다리처럼.

교수2: 자연이 손을 보기 시작하면 무섭습니다. 어쩌면 이것은 시작일 뿐입니다.

교수1: 도대체 대자연은 아무짝에도 쓸모없는 여의도 국회의사당은 내버려 두고 왜 애꿎은 농민들만 번번이 울리는 것인지?

교수2: 저들이 밤낮으로 병풍가지고 왈가왈부 시끄럽게 싸움만 하니까 진짜 무서운 바람이 어떤 것인지 태풍이 자신의 위력을 보여준 거죠.

교수1: 태풍 앞에 병풍이라, 도대체 병풍이 뭡니까?

교수2: 바람도 아닌 것이 태풍으로 온 나라를 어지럽게 하니, 바람의 원조께서 가만있겠습니까?

교수1: 그 못난 바람이 그 뜨거웠던 월드컵 열기를 식히다니, 정치인들을 몽땅 축구장에 몰아넣고 꼴을 넣고 팥죽처럼 식어버린 열기를 찾아오기 전에는 못나오게 해야 되는 것 아닙니까?

교수2: 그런 못난 선수들을 번번이 뽑아주는 자들도 문제죠.

교수1: 오랜 습관이 되다보니 투표가 복권 정도로 변질되고 말았습니다.

교수2: 이제는 모두가 분노하고 심판할 때입니다. 가버린 태풍을

다시 불러와야 합니다. 난장판인 우리의 정치판을 뒤엎도록. 의
사당 지붕 상판을 날리도록. 오 루사! 아니 맙소사!　　2002. 9. 10

한반도 비극의 시나리오

⇰ 인재人材마다 인재人災를 일으키니 주기적으로
나라가 열병을 앓으면서 경기를 일으키고 연대고대
잠꼬대하는 것이 아니겠습니까?

교수1: 며칠 후면 대선인데, 어떻게 마음을 정하셨습니까?

교수2: 아직도 부동입니다.

교수1: 요지부동인가요, 아니면 부동표의 부동인가요?

교수2: 대선 말고 차선은 없습니까?

교수1: 보아하니 부동표의 부동이시군요.

교수2: 함부로 천기를 누설할 수도 없고 난감에 만감이 교차합
니다.

교수1: 답답한 세상을 크리스마스 트리처럼 환하게 밝힐 사람이
필요한데 말입니다.

교수2: 그런 사람을 세기에는 열 손가락도 너무 많습니다.

교수1: 그 많은 명문대 출신들은 다 어디로 갔습니까? 그런 인재
들은 다 어디에 쓰는 겁니까?

교수2: 인재人材마다 인재人災를 일으키니 주기적으로 나라가 열병을 앓으면서 경기를 일으키고 연대고대 잠꼬대하는 것이 아니겠습니까?

교수1: 대학이 소학으로 형질과 체질이 변경되어 큰 것을 놔두고 작은 것에만 연연하니 계속 분재같이 일그러지고 다듬어진 거인들만을 생산할 수밖에 없는거죠. 명문대가 아니라 명문대죠.

교수2: 그러니 우리 마음이 요동하고 부동하는 것 아니겠습니까?

교수1: 마지막 순간에 눈을 질끈 감아버리죠.

교수2: 1번을 찍자니 번번이 저지른 실수를 또 한번 할 것 같고 2번을 찍자니 두 번 속을 것만 같아 도장을 든 손이 가볍게 떨릴 것만 같습니다. 아무리 생각해도 이것은 선택이 아닙니다.

교수1: 젊은이들이 투표를 할까요?

교수2: 스키장에 투표함을 설치한다면 모르죠. 미끄러지고 넘어지면서 던지는 종이학, 글쎄요, 잘 날 수 있을는지?

교수1: 하나는 스키를 타서 미끄러지고 다른 하나는 다리에 힘이 없어 미끄러지고, 사람도 투표함도 나라도 데굴데굴, 지금 상황이 심각한 것 아닙니까?

교수2: 힘없는 다리를 탓할 때가 아닙니다. 지팡이를 휘둘러서라도 바로 잡아야 할 것입니다. 전쟁의 어두운 그림자를 몰아내야 합니다.

교수1: 전쟁이라니요?

교수2: 북한의 핵문제가 계속 핵핵거리고 있지 않습니까?

교수1: 요즈음 반미 감정이 심상치 않은데, 미국이 북한과 남한을 구분하지 못하게 될 것이 걱정입니다.

교수2: 우리만 여론이 있는 것은 아니죠.

교수1: 미군의 철수까지야 가겠습니까?

교수2: 소파를 소파수술하지 않는 한 사태는 거기에 곧 다다를 수도 있죠.

교수1: 그러면 미군과 함께 모두 떠나겠군요, 달러도 투자도.

교수2: 증시는 하루아침에 바닥을 치고 휴지만 어지럽겠죠.

교수1: 이것이 우리의 현실이란 말입니까?

교수2: 되돌아오는 것도 있죠. 풀죽은 유학생과 교포들.

교수1: 그럼 다시 중국으로 몰려가지 않겠습니까? 옛날 당나라 때처럼.

교수2: 너도나도 여수를 무너트린 상하이 박람회를 구경 가겠죠. 노랑머리 대신 변발이 유행할 것이고.

교수1: 사대하면 우대하겠죠. 가끔씩 축구도 져주면서.

교수2: 우대도 어디까지나 기대일 뿐입니다. 요즈음 같아서는.

2002. 12. 10

훈관정음 訓官正音

↳ 일찍이 백성을 위한 말은 있었으나 관료나 정치인을 위한 나라 말씀이 없어 상하가 불통하고 좌우가 가로막혀 불신의 벽이 만리장성을 능가하는지라.

학생: 봄이 되면 젊어지는 건가요 아니면 늙는 건가요?

교수: 나이 들면 땅이 가까운가, 하늘이 가까운가?

학생: 떡 대신 돌이군요.

교수: 쥐고만 있고 던지지는 말게. 오늘의 주제는 훈관정음이었지?

학생: 혹시, 훈민정음 아닌가요? 그동안 또 바뀌었나? 입시정책처럼.

교수: 일찍이 백성을 위한 말은 있었으나 관료나 정치인을 위한 나라 말씀이 없어 상하가 불통하고 좌우가 가로 막혀 불신의 벽이 만리장성을 능가하는지라 내 큰 숨을 들이키고 펴낸 것이 훈관정음이라. 이에 새로이 스물여덟 자를 내어 말마다 도를 넘고 막말 수준에 이르는 것을 막아 선진에 이르는 길을 트고자 함이라.

학생: 지금 선포하시는 건가요?

교수: 기자나 카메라가 없는 것이 이상한가? 비장한 것은 좋아도 거창한 것은 좀 그런데.

학생: 제가 질문의 플래시를 터트릴 터이니 말씀만 하십시요. 훈관정음이 무엇입니까? 취지는 알 것도 같습니다만. 그보다도 훈관정음은 누가 지었습니까?

교수: 훈민정음의 저작권이 대왕에게 있다면 훈관정음은 백성에게 있지.

학생: 요즘 백성은 못하는 게 없네요.

교수: 강부자, 강금실, 고소영 이런 스타 같은 말들이 다 누구로부터 나왔겠는가?

학생: 그러면 그런 말들이 훈관정음이란 말씀이신가요?

교수: 관원들이 새겨들어야 할말 아니겠는가? 저들도 스타니까. 훈민정음은 저들을 깨우치기에 한계가 있기에, 청문회에 나오면 갑자기 기억이 안 나고 불법을 저지르고도 착오가 있었다고 말하지 않는가? 땅을 사랑했을 뿐 투기는 아니라고 하지 않나? 투기 없는 사랑도 사랑인가? 훈민정음의 입장에서 보면 무전유죄가 맞고 훈관정음에서는 유전유죄가 맞지.

학생: 훈관정음의 입장에서 보면 문제가 확실하게 보이는군요.

교수: 바로 그거야. TV 토론에서 '이런 분하고 한 자리에 앉아있는 것 자체가 수치스럽다'고 말하지 않는가? 상대방의 무죄가 밝혀진 지금 정작 수치스런 사람은 누구인가?

학생: 심판은 본래 국민의 몫이란 것을 모르는 모양이죠.

교수: 훈관정음은 물론 훈민정음에도 못 미치는 발언으로 결국 준엄한 민심의 심판을 받지 않는가?

학생: 그럼 "못 해먹겠다."라는 대통령의 발언은 어떻게 되는 것입니까?

교수: 거의 최악의 훈관정음이지.

학생: "버르장머리를 고쳐야한다."라는 대통령의 발언은요?

교수: 대통령의 버르장머리부터 고쳐야지. 우리나라는 한물간 자들이 문제야. 한 물간 유행가는 괜찮은데. 그런대로.

학생: 그럼 훈관정음에는 제대로 된 말은 하나도 없습니까?

교수: "저는 이번 경선에서 패했습니다. 깨끗이 승복하겠습니다." 뭐 그 정도지.

학생: 그럼 "결국 저는 속았다. 국민도 속았다."는요?　　2008. 3. 15

투표장 가는 길

➹ 정치가 얼마나 좋으면 저렇게 현수막으로 자기 영혼을 걸어놓고 대로에 산제사까지 지내겠습니까?

주민: 선거날에 비가 오네요. 빗발이 성하니 벚꽃이 다 지겠는데요.

교수: 오늘 비에 어찌 벚꽃만 지겠습니까?

주민: 저녁이면 길바닥에는 벚꽃이, TV에는 떨어진 후보들이 가득하겠군요.

교수: 올해 들어 가장 잔인한 날이죠. 한 줄기 꿈에 안간힘으로 매달려 온 자들은.

주민: 어쩌겠습니까, 떨어지는 꽃이 떨구는 꽃가지를 원망할 수도 없고.

교수: 더러는 정치적인 낙법을 익히려고 나온 사람도 있을 겁니다.

주민: 그럼 떨어져도 덜 아프겠네요, 그 언젠가를 생각하면?

교수: 아무리 낙법이라 해도 콘크리트처럼 딱딱한 민심에 넘어지면 충격이 없지는 않을 겁니다. 하지만 민심과 인심을 착각한 죄는 달게 받아야죠. 벚꽃같이 화려한 말과 억지 미소를 남발한

벌칙도 받아야 마땅하고.

주민: 옛날에는 민심이 잘도 흔들렸는데. 고무신과 막걸리 인심이 넘쳐나던 때가 오히려 좋았던 것 아닐까요? 어찌 보면 인간적인 것도 같고.

교수: 국민들 입장에서 일년 내내 선거철만 같았으면 싶기도 하죠. 걸음걸음마다 인사 받기 바쁘니까. 유세장이 온통 진달래 한마당이 되어 애타는 눈길을 즈려 밟고 가게 되니.

주민: 정치인들이 요즘처럼 항상 쉰 목소리로 얘기해 줬으면 좋겠어요. 설득력에다 섹시하기까지 하니. 내미는 손을 잡아야 할지 아니면 뿌리쳐야 할지.

교수: 그래서 국민 노릇하기가 어렵다니까요. 봄의 유혹도 견디기 어려운데, 정치인들마저 요부가 되니. 국민을 어려워해야 정치가 바로 되니 어려워하게 만드는 것이 어렵죠.

주민: 그나저나 이번 선거는 어떻게 될까요?

교수: 얼굴에서 화장이 지워질 시간이 얼마 안 남았습니다. 그때까지는 별 생각이 다들죠.

주민: 우리 지역이야 들판이라서 보리 색깔 같은 D가 강할 것이고, 동해에 가까울수록 푸른색 H가 하늘을 압도하겠죠.

교수: 그보다 우리 사회의 동상이몽이 재미있지 않습니까? 아전인수는 눈살을 찌뿌리게 하지만, 동상이몽은 오히려 즐겁게 하죠.

주민: 선거는 동상이몽보다는 아전인수에 가깝지 않을까요?

교수: 무등산이 광주에 가까울까요, 담양에 가까울까요? 유권자의 가슴에서 볼 때는 거기가 거기일 것 같은데요.

주민: 요즘 대학에서는 학생회장이 인기가 없어 서로 안 하려 한다던데요?

교수: 겸손인지 무관심인지 애매하게 된 지가 한참 됐습니다. 공부도 안 하면서.

주민: 만일 국회의원도 학생회장처럼 서로 안 하겠다면 어떻게 될까요?

교수: 그때가 되면 인류의 역사를 다시 써야겠죠. 밥 먹기 귀찮다고 삶을 포기하는 사람이 나오지 않고서야 어찌 그런 일이 있겠습니까? 정치가 얼마나 좋으면 저렇게 현수막으로 자기 영혼을 걸어놓고 대로에 산제사까지 지내겠습니까?

주민: 그건 그럴지 몰라도 번번이 투표장에 가서 도장 찍는 것은 싫어질 수도 있지 않을까요?

교수: 무관심도 심판이고, 기권도 심판이죠. 무관심이 하늘을 찌르면 하늘은 반드시 응답하게 되어있습니다.

주민: 이번이 바로 그런 경우 아닐까요? 사람들이 별로 보이지 않는 것이.

교수: 경마장으로 갔나 보죠. 어디엔가 있을.   2008. 1. 15

구름이 풍선된 날

⇨ 　오늘 같은 날은 구름이 풍선이 되고, 별들이 폭죽이 되는 날이죠.

교수1: 우리가 사는 세상이 말이죠.

교수2: 그게 어떻게 됐습니까?

교수1: 몰라서 물으시는 겁니까? 흑인이 미국 대통령이 될 줄이야.

교수2: 옛날에는 유태인이 애굽의 총리대신도 하지 않았습니까? 요셉 말입니다.

교수1: 사백 년 미국 역사에 쾌거 아닙니까?

교수2: 인권운동이 시작된 지 반 세기 만에 이루어낸 쾌거이기도 하죠. "그날이 오기까지"로 시작했는데, 이제 "오늘이 있기까지"로 바뀌었군요. 우리가 사는 세상 아니겠습니까?

교수1: 그럼 좋은 일이 있어야 하는 것 아닙니까?

교수2: 우선 모두 마음이 부자되지 않았습니까?

교수1: 특히 흑인들은 모두 갑부라도 된 기분일 겁니다. 적어도 오늘만은.

교수2: 오늘 같은 날은 구름이 풍선이 되고, 별들이 폭죽이 되는 날이죠.

교수1: 마틴 루터 킹의 "I have a dream"이 인종차별의 높은 고지를 넘었으니.

교수2: 젊은 흑인들은 강물을 이야기할 것입니다. 더욱 큰소리로.

교수1: 강물이라니요?

교수2: 에덴에서 시작해 나일, 유프라테스로 흘러 콩고의 젊은이들이 멱 감던 그 강 말입니다. 자기들 핏 속에 흐르는 강물 말입니다.

교수1: 흘러간 Weary blues나 Dream boogie도 흥얼거리면서. 그럴 듯하군요.

교수2: 미시시피 흙탕물에 뛰어들어도 기분 좋을 겁니다.

교수1: 미국에 새로운 허클베리 핀의 모험이 시작되지 않을까요?

교수2: 위험한 세상, 뗏목 여행도 여전히 계속 될 거구요. 부시 같이 싸움 좋아하는 그랜저포드나 셰퍼드슨 같은 자들도 만나게 될 것이고.

교수1: 그러나 저러나 우리나라는 어떻게 되는 것입니까?

교수2: 어떻게 되다니요?

교수1: 흑인이 미국대통령이 되었으니 백의민족에게 영향이 없겠느냐 말입니다.

교수2: 부시와의 우정도 좋지만, 막강한 친구 하나를 서둘러 만들어야겠지요.

교수1: 그게 서둘러 되는 일입니까?

교수2: 서둘러도 어깨까지 감싸 안을 정도가 되려면 오래 걸릴 것입니다.

교수1: 아마 폭탄주 갖고는 어렵겠죠?

교수2: 미국 자동차를 많이 사주면 되죠. 밑지는 장사를 하는 사람을 누가 당하겠습니까?

교수1: 그럼 국민이 안 좋아할 텐데요.

교수2: 또다시 국민과 미국, 청와대의 삼각관계를 만들게 되면 한국도 새 주인을 찾아야 할 겁니다.

교수1: 이제는 촛불이 형광등보다 무서운 것 같아요.

교수2: 리더십의 횃불로 이겨내야 할 것입니다.

교수1: 우리도 오바마 같은 지도자를 갈구했건만.

교수2: 지도자는 시인과 달리 태어나기보다는 만들어지죠.

교수1: 지도자가 잘못되면 국민도 책임이 있다는 뜻인가요?

교수2: 설마 국민은 언제나 옳다고 생각하는 것은 아니겠죠?

교수1: 지도자와 국민이 책임을 적당히 나눠가지면 되겠군요.

교수2: 민주주의는 삼권분립 외에도, 정부와 국민간의 양자 책임 분담을 보완할 때 비로소 모양을 갖췄다 할 겁니다. 거기에 정 하나 더 하고 싶으면 세계경제 위기를 집어넣던가. 슬며시.

2008. 11. 5

개미들의
대박의
꿈

教育

첫수업

↯ 청산의 푸르름을 등불삼아 책을 읽으시라. 냇물처럼. 책의 거울에 비치는 자신의 모습, 미래를 향해 점점 커가는 자신의 모습에 반해보란 말이야.

교수: 호남대학이라 역시 호남豪男이 많구먼. 봄처녀 제 오시네. 그러나 첫 시간부터 지각하면 되나? 국회와 축구만 아니라면 그런대로 견딜만한 세상인데, 매일 TV에 나와 봄을 방해하고 세상을 어수선하게 만드는 자들을 어찌하면 좋단 말인가? 언제부터 법을 그리 잘 지켰다고 헌법 운운하면서 나라의 쌀독 빈 것을 잊어버리다니, 한심한 선량들, 아니 한량들, 훈훈한 남풍으로는 효과가 없고, 거친 북풍으로 어떻게 해보지만, 한국병은 극약이 아니면 듣지를 않으니, 안 기런가? 조작도 안 되고 저작은 더욱 안 되고, 우리 모두 내가 왜 안 기런가?

학생: 교수 임용에 비리가 있다고 들었는데, 그 말 들으니 수업이 잘 안됩니다.

교수: 돈 써서 교수되는 것도 재주고 실력이야. 그런 돈 있으면

교수 안 할 사람도 많아. 어디서 굴러온 돌멩이인지도 모르는 것들을 데리고 덴민국의 축대를 쌓느니 차라리 휘파람이나 불면서 책이나 읽지. 책 속에 돈이 있다고 했으니. 그나저나 봄이 왔는데 자네들의 고질병은 어떻게 됐나? 또 한번 목청을 뽑고 외쳐야 할 것 아닌가? 좌우로 한바탕 홰를 치면서 대낮인데도 새벽인 양 꼬끼오 외쳐야 될 것 아닌가?

^{학생}: 그래서 이번에도 표정두 열사를 기념하는 것 아닙니까?

^{교수}: 표정두? 그런 사람 역사에서 못 들어봤는데? 역사적인 인물인가?

^{학생}: 역사에서 빠졌기 때문에 집어넣어야 된다는 거죠. 우선 명예 졸업장부터 주고.

^{교수}: 일리가 있군. 그런데 자네 증조할아버지 함자가 어떻게 되나? 증조할아버지는 그만 두고, 너무 머니까. 그보다 가까운 할아버지 함자는 어떻게 되시나? 왜 말이 없나? 정답이 없다는 것인가, 아니면 그런 분이 없다는 것인가? 그분들은 열사가 아니었던 모양이지? 그러면 가문이 빈약해 새로운 조상을 모시자는 건가? 자기 할아버지 이름도 모르면서 새파란 열사는 기억한다? 정말 열사 하겠네. 그래서 돈만 있으면 교수하기 싫다는 것이야. 처가살이는 더욱 싫고. 역사는 역겹고 학생은 지겨우니, 이 엄청난 청춘들을 다 어떻게 처리할 것인가? 반미구국을 떠들면서 양담배를 피우는 아지랑이 같은 청춘들, 영어도 우리말도 아닌 거리의 간판 같은 젊은이들. 자네들의 정체는 무엇</sup>

인가? 정녕 열사의 후예들이란 말인가? 1929년 광주학생항일
운동이 어떻게 일어났는지 아는가? 그 운동은 열사가 없었어도
아직까지 꿈틀거리면서 살아있어. 자네들 운동은 열사만 살아
있고 나머지는 모두 죽어있지. 입만 살아있는 것은 실제로는 죽
은 것이니까. 그렇다면 제사를 받아야 할 자는 열사가 아닌 바
로 자네들이야. 죽어도 진즉 죽었으니까.

　이제 봄이 되었으니까 자네들도 살아나고 부활해야지. 어
등산이 초록 등불을 밝히지 않는가? 청산의 푸르름을 등불삼아
책을 읽으시라. 냇물처럼. 책의 거울에 비치는 자신의 모습, 미
래를 향해 점점 커가는 자신의 모습에 반해보란 말이야. 도대체
열사가 뭔가? 엿사라면 몰라도.　　　　　　　　　1998. 3. 10

시험보다 실험을

삶은 시험보다 실험이 많아야 발전하나니, 시험 시간에 들어와 부지런히 자신을 실험하거라.

교수: 자, 질문 있나?

학생: 교수님! 시험은 어떻게 나옵니까?

교수: 대답에 앞서 한숨이 절로 나오는구나. 두 다리의 타이어에 바람이 빠지는구나. 씨도 뿌리기 전에 추수가 그려지고, 흉작이 눈에 보이는 것만 같구나. 시험이 어떻게라니? 그것을 알면 지금이라도 마라톤 42킬로미터를 100미터처럼 달리기라도 하겠다는 건가? 이봉주처럼 눈감고 신기록을 세울 자신이 있느냐 말이다.

아무려면 교수가 학생에게 돌떡을 주고 물 위를 달리라고야 하겠느냐? 쌓인 책을 한꺼번에 읽는 것과 방전된 기억의 배터리를 되살리는 것은 장거리를 단거리하는 것만큼 어려울 거야. 어렵지 않다면 어렵게 만들어야지. 벼락공부는 효과가 없으니 아예 포기하게 만드는 것이 진짜 교육인 것을. 벼락공부를 일삼으며 공부와 도박을 혼동하다간 날벼락을 각오해야지.

학생: 그럼 어떻게 했으면 좋겠습니까? 한밤중에 무등산 서석대라도 올라갈까요? 시험은 봐야 하겠고, 공부는 하지 않았고, 저도 대학생활이 사년이 지나도록 구조조정이 안 되어 고비용 저효율로 살아왔는데, 용돈은 물론이고 염치마저 바닥난 지가 이미 오래입니다. 이 절박한 상황에서 시험은 만기가 되어 다가오니 어쩌겠습니까? 대출은 못 받아도 문의는 해봐야 하지 않겠습니까? 묻는 것이 오히려 자연스러운 것 아닙니까? 그런데 교수님께서는 IMF 총재 같은 말씀만 하시니 학생, 교수, 학교의 노사정 협의를 깨지 않고 배기겠습니까? 우리가 대자보로 나간다 해서 학점으로 파산선고를 내리시면 곤란하지 않습니까?

교수: 리포트 대신 대자보 수표를 남발했으니 학점이 부도날 수밖에 없지 않은가? 인생이 부도나는 것만은 막아야 할 텐데.

학생: 그러니 처방과 힌트를 한꺼번에 주시면 1년 이내에 IMF 대학을 졸업할 수 있다는 것 아닙니까?

교수: 그러나 자네의 신인도가 문제야. 시험에 대한 구제금융은 안심하고 투자를 할 수 없지 않은가? 적당한 구실이 적당한 때가 되면 부실이 되거든.

학생: 모든 것이 우리 탓만은 아니지 않습니까? 우리도 알고 보면 다 이유가 있습니다. 못난 기성세대 덕분에 민주주의를 위해 싸워야 했고, 막혔던 숨통이 좀 트이니까 이번에는 취직길이 막혀 장가들기도 힘들게 생겼습니다. 앞으로는 데이트만 있고 결혼

은 없을 것입니다. 교수님들의 주례도 줄어들 것입니다. 앞으로 세대는 노총각 노처녀들이 주도할 것입니다. 그들의 스트레스와 히스테리는 사회의 불안요인이 될 것이고, 그렇게 되면 교수님들은 모두 비주류입니다.

교수: 이번 시험은 동문서답으로 쓰거라. 그것이 내가 줄 수 있는 힌트요 팁이니라. 교수의 직권으로 질문에 정답을 쓰면 모두 틀렸다고 할 것이니 엉뚱한 점수가 나오면 시비를 거는 일이 없도록. 특히 사과를 하라고 한다거나 말세에 세계의 종말이 와도 사과나무를 심으라고 시위하지 말도록 말의 쓰레기를 함부로 투기하지 말 것이니라. 나도 너희만큼이나 시험 보는 세상이 싫나니, 삶은 시험보다 실험이 많아야 발전하나니, 시험 시간에 들어와 부지런히 자신을 실험하거라. 자기 지성의 부피와 도덕성의 수치가 어떻게 나오는지.

시험 때가 되어야 인기척이 있는 도서관, 건물만 있고 학문은 없는 학교, 학생도 교수도 있는데 교육이 없는 나라, 우리의 기적은 온갖 부조리와 잦은 고장에도 불구하고 삶의 피댓줄과 톱니바퀴가 돌아가고, 늘 아슬하기만 한 한반도가 바다에 잠기지 않는 것이니라. 어찌 할 것인가? 시험은 알고 학문과 교육은 모르는 이 엄청난 무지와 어둠을 어찌할 것인가?　　　1998. 4. 25

청춘을 돌려다오

↳ 말은 안 되지만 노래는 되지. 진정한 노래는
말로 하기에는 모두 벅찬 것이어서, 사소한 논리쯤은
박차야지. 뽕짝하고 쿵짝이 맞는 것이 맘에 걸리기는
하지만.

학생: 교수님도 그런 노래를 부르십니까?

교수: 그런 노래라니? 고상하지 않다는 것인가?

학생: 뽕짝을 고상하다 하시면 고상하지 않을 것이 어디 있겠습
니까?

교수: 그럼 어둥산 자락을 배회하는 해오라기의 노래를 혀끝에
감아볼까? 청춘을 돌려달라는 노래는 노래로 듣지 말고 절규로
들어야 제 맛이 나느니라. 내 가슴이 어쩌다 두들기면 소리 나
는 북으로 변해 버렸는지?

학생: 그런데, 교수님, 누구에게 청춘을 돌려달라는 것입니까? 설
마 어느 묘령의 여인은 아닐 것이고. 그렇다면 세월의 옷자락을
잡고 어떻게 하시겠다는 겁니까? 세월은 한번 준 점수는 절대

고쳐주지 않을 텐데요, 교수님처럼.

교수: 그래도 왠지 억울하기만 하니 어쩌겠느냐? 유일하게 억지를 부리고 싶은 것이 그것이니라. 물론 말이야 안 되지. 인간으로서 늙기 싫다는 것이 억지가 아니고 무엇이냐? 그러나 말은 안 되지만 노래는 되지. 진정한 노래는 말로 하기에는 모두 벅찬 것이어서, 사소한 논리쯤은 박차야지. 뽕짝하고 쿵짝이 맞는 것이 맘에 걸리기는 하지만. 나훈아의 노래는 억지가 매력이야. 투박한 것이야 좀 어떠랴? 여학생들 스커트에 군화 신고 다니는 것보다야 낫지 않느냐?

학생: 우리의 미적 감각을 과소평가하시는 겁니까? 신발을 머리에 쓰고 다니는 것보다는 훨씬 센스 있고 감각도 있지 않습니까?

교수: 벌거벗은 임금님보다야 낫겠지만, 과거를 모르는 사람들하고는 이야기가 안 통하는구나. 그러나저러나 사은회를 하자고 해놓고 교수를 천장 높이 달아 올리는 이유가 뭐냐? 차라리 고래사냥이나 할 것이지. 내가 삼각지 로터리를 배회하는 동안, 오월이 가는 소리를 듣고 있는 동안, 너희들 부르는 노래가 어지럽구나. 아침이슬처럼 신선한 것 같기는 한데, 빛과 그리고 그림자가 헷갈리는구나. 옛날에는 걸핏하면 해변으로 갔으나 요즈음은 꿍따리샤바라 하니, 점점 박자가 느려지는 인생, 오 청춘을 돌려다오. 안주는 오직 젊음 하나로. 보이지 않는 접시에 보이지 않는 것을 가득 담아 내어오도록. 술잔 가득 미소를 따르라. 웃음의 거품이 넘치도록 나를 따르라. 내 맘 속에 디오

니소스가 일어선다. 갑자기 휘갈기는 붓글씨의 춤을 추어볼거나. 세찬 회오리가 되어 후로어로 나갈거나. 그러다 보면 청춘이 돌아오지 않겠느냐. 아련히 멀리 떠난 것이 슬며시 돌아오지 않겠느냐? 이처럼 온몸이 가벼워진 적이 언제더냐? 바람을 토하면서 파도를 걷어차는 기분, 너희는 아느냐?

학생: 저희에게 청춘은 상당히 부담스럽습니다. 세상이 질투가 심해 우릴 우리에 가두려 하니까요. 교수님의 청춘과 추억을 생각해서라도 제발 이번 기말 시험만은 쉽게 내주십소서.

교수: 너희야말로 내 잠깐의 청춘을 샘하는구나. 이 결정적인 순간에 시험 이야기를 꺼내 모처럼 만의 내 기분을 무산시킬 작정이냐? 오늘 졸업사진을 찍으면서 금년에도 내가 과거로 사라지는 경험을 한 지가 불과 몇 시간인데, 내가 현재로, 미래로 돌아가려는 것을 방해하다니, 정말 한심한 청춘들이구나. 시험과 공부, 알고 보면 다 즐거운 것이니라. 나를 흥분하게 만드는 것들이 그것이니라. 도전이 도전장을 내밀 때, 나는 그 도전을 향해 정중하게 손을 내민다. 단단한 것과 부딪칠 때의 짜릿한 충격을 즐길 수 없다면, 바위나 벽은 없고 온통 달콤하고 부드러운 솜사탕만 있다면, 그리고 청춘이 그런 것이라면, 나는 그런 청춘은 있어도 반납하련다. 내가 바라는 청춘은 눈물로 얼룩진 고달픈 청춘, 먹구름 사이로 간간이 드러나는 푸른 하늘이 있는 청춘이니라. 그러기에 더욱 정이 깊어 이렇게 한없이 앙코르를 외치지 않느냐? 오 청춘을, 청춘을 돌려다오.　　　　　1998. 5. 10

Quid Honamo Universita Faciam?

➷ 물도 없는 바다에 군함 같은 포부가 무슨 소용이야?
어느 갈매기에게 삶의 진실을 가르칠 것 인가?

교수: 밖에서 들려오는 것은 무슨 소리인가?

학생: 소리 아니겠습니까?

교수: 소리라니? 장자에 의하면 소리는 여러 가지가 있나니, 땅의
피리 구멍에서 솟는 소리가 있는가 하면 하늘의 구름 틈바구니
로 쏟아지는 소리가 있고, 들려도 들리지 않는 소리가 있는가
하면 안 들려도 들리는 소리가 있는데, 도대체 저 소리는 무슨
소리란 말인가? 내 귀에는 공부하기 싫다는 소리로밖에 들리지
않는데?

학생: 배가 고파서 나오는 허기진 소리는 포함되지 않는 겁니까?

교수: 어찌 포함이 되지 않겠느냐? 무릇 만물에는 소리가 있나니,
허기진 창자에서 나오는 꼬르륵 소리에서부터 새끼줄처럼 뒤
틀린 심사에서 새는 구호에 이르기까지 모두가 네가 말한 것처
럼 소리니라. 그러나 소리가 소리를 못 살게 하고 괴롭히니 도

대체 어느 소리가 옳은 것인지 시비를 가려야 할 것이고, 시비를 가리자니 소리가 더욱 요란해질 수밖에 없는 것이 소리의 세계요 법칙 아닌가? 내가 좋아하는 소리가 뭔지 아느냐? 봄이 오는 소리, 소리 없이 수줍게 웃는 소리, 새가 주워먹을 때 씨앗이 지르는 비명소리, 흩어지는 구름의 한숨 소리니라. 그러나 이들보다도 더 좋아하는 소리가 있나니, 그것은 도서관 구석에서 다소곳이 공부하는 학생의 이마에 생각의 전광판이 번뜩이며 흐르는 소리. 교수가 잘못했다 지적하면 말없이 받아들이는 겸허의 소리도 내가 좋아하는 것이고……

학생: 교수님도 학생들의 복종만을 주장하십니까? 교수님도 그런 분이었습니까? 기성세대가 잘한 것이 무엇입니까? 잘했다면 IMF는 왜 왔고 취직문은 왜 닫혔습니까? 학생들의 장학금을 깎는다면 고통 분담의 차원에서 교수님들 봉급도 깎아야 공정한 고통분담 아니겠습니까?

교수: 고통분담이라. 말대꾸도 고통분담이구나. 너는 아버지에게 매를 맞으면 맞은 매로 아버지를 때리냐? 그렇게 하면 고통분담의 정의가 실현되겠구먼. 쥐꼬리만한 봉급을 깎는다면, 교육은 얼마만큼 줄여서 해야 공평할 것인가? 두 개 가르칠 것 하나만 가르쳐도 이의가 없으렸다.

학생: 본의 아니게 제가 흥분했던 것 같습니다. 제 취지는 성역을 없애자는 것인데, 말이 엉뚱하게 와전된 것 같습니다.

교수: 성역이라 했느냐? 너희가 성역을 없애는 것은 좋은데, 왜

애꿎은 교수들이 홍역을 치러야 된단 말이냐? 나이가 몇 살인데 이제 와서 홍역을 치르라는 것인지. 그것도 옛날에 이미 다 치르고 청산한 것을! 스승의 날이 지난 지가 며칠 됐다고 심부름을 시켜도 못가겠다니, 이십년 후에 두고 보자. 너희는 분명 너희가 장만한 성역에서 홍역을 열 배로 치르리라. 네 자식에게 두들겨 맞으리라. 이마에 도깨비 뿔이 돋칠 때까지.

^{학생:} 그런 일은 없을 것입니다. 다 역사를 바로 잡고자, 비뚤어진 학원 풍토를 바로 잡고자 일을 벌리는 것 아닙니까? 천막을 아무나 치며 단식을 아무나 하겠습니까? 우리의 결심은 비장합니다. 교수님들이 몰라도 너무 모르시는 것입니다. 눈칫밥을 너무 드셔서 배부르신 것 아닙니까? 언제나 동병상련으로 돌아오시겠습니까?

^{교수:} 동병일지라도 상련하는 일은 없으리라. 얄팍한 머리에서 나오는 낙서 같은 소리라니, 내라는 리포트는 안 내고 침 발린 헛소리만 제출하는구나. 교육을 받는 자들이 교육자를 앞에 놓고 설치니 나룻배 같은 이 나라 교육이 산꼭대기에 올라가겠구나. 물도 없는 바다에 군함 같은 포부가 무슨 소용이야? 어느 갈매기에게 삶의 진실을 가르칠 것인가? Quid Honamo Universita faciam? 과연 호남대학에서 내가 할 수 있는 일이 무엇인가?

1998. 5. 25

허무의 잔치

➹ 한번 삐뚤어진 역사는 엿사가 되어 말의 열과 온도가
조금만 상승해도 뒤틀리고 휘어지나니, 정치도 교육도
늘 박치기 아니면 엿치기라.

교수: 오늘이 벌써 마지막 강의던가? 선거도 축구도 끝나고 한
해의 허리가 허무하게 두 동강이 나버린단 말인가? 너희는 기
말 시험만 골인하면 되겠지만, 나는 이제부터 허무의 잔치가 시
작되겠구나.

학생: 시험은 언제 봅니까?

교수: 시험이 어떻게 나오느냐가 더 알고 싶겠지?

학생: 이번에도 어렵게 내실 건가요? 그렇다면 지금부터 포기하
겠습니다.

교수: 더 이상 희망에 속기가 싫은가? 여론조사라도 해봤단 말인
가? 왜 자신을 당선권 밖이라고 생각하지? 왜 자신에 대해 흑색
선전을 하는 거지?

학생: 공부보다는 차라리 정치로 나가는 것이 나을 것 같습니다.

이번에 당선된 사람들, 공부하고 거리가 먼 것 아닙니까? 기말 시험에 절망하고 포기했던 사람들 아닙니까?

교수: 그래서 그 전철을 사뿐히 즈려 밟겠다는 건가? 하긴 버나드 쇼가 말하기를 아무 것도 모르면서 다 알고 있다고 생각하는 사람은 정치 외에는 선택의 여지가 없다고 했지.『보물섬』의 작가 루이스 스티븐슨 또한 정치는 어쩌면 따로 준비할 필요가 없는 유일한 직업일지 모른다고 갈파한 적이 있지. 자네야 말로 준비를 필요로 하지 않는 직업을 찾고 있으니 정치가가 되는 수밖에.

학생: 그래서 제가 학생 운동에 몸을 던진 것 아니겠습니까?

교수: 나는 자네가 정의감에 불타서 그러는 줄 알았는데.

학생: 물론 그것은 빼놓을 수가 없죠. 혁명가의 단골 메뉴가 아니겠습니까? 저는 깜짝깜짝 놀랄 때가 많습니다. 나도 안 믿는 말을 사람들이 믿을 때는. 그때야말로 보람과 자부심을 느끼기도 하죠. 제 자신의 가능성을 발견하기 때문이죠.

교수: 그래서 순진한 청춘들을 막다른 골목으로 몰고 다니는구나. 학생 운동이 그런 것이었구면.

학생: 교수님은 제 말을 참말로 들으셨습니까?

교수: 지방선거 입후보자 유세만큼이나 헷갈리는구면. 자네야말로 바늘 대신 공업용 미싱이 필요한 것 아닐까?

학생: 교수님이 제자에게 주시는 말씀이니 명예훼손죄에 해당이 안 되겠지요? 제가 학생 신분이라는 이유 하나만으로 저는 힘

없고 무력할 수밖에 없겠지요?

교수: 일찍이 지능적이고 게릴라 같은 학생을 조심하라는 경고를 들은 바 있나니, 이럴 때일수록 진리가 우리를 자유케 하도록 만들 수밖에. 한번 삐뚤어진 역사는 엿사가 되어 말의 열과 온도가 조금만 상승해도 뒤틀리고 휘어지나니, 정치도 교육도 늘 박치기 아니면 엿치기라. 수업을 업수히여기는 학생구경꾼들을 향해 오랜만에 녹슨 가위를 들어 엿판을 두들기고 싶구나. 허무를 노래하고 싶구나. 자, 이번 학기 마지막 시간이니 시를 한 수 짓자구나. 간단한 삼행시로. 첫 번째 글자는 "운"! 누가 받을 텐가?

학생: 운세를 들여다 보니, 액운이 웬 말인가?

교수: "동"!

학생: 동아리와 동동주가 무슨 상관 있으리요?

교수: "권"!

학생: 권하는 잔 뿌리치기 어려워라.

이번에는 교수님의 차례입니다. "운"!

교수: 운다고 해결되며 웃어본들 무얼 하나?

학생: "동"!

교수: 동으로 가라면 서로 가니 그 꼴 또한 가관이라.

학생: "권"!

교수: 권모술수를 터득했으니 사람되긴 틀렸구나.   1998. 6. 10

선거와 함정

⇨ 투표함이 함정이 되는 것을 허용하지 않는 것이 바로 진정한 선거야.

학생: 내일 모레가 총학 선거인데 한 말씀 해주시죠.

교수: 한 말씀이라? 선거가 내 전공은 아니지만, 뭐든지 사양하지 않는 것은 내 주특기지.

학생: 그래서 부탁드리는 것이 아니겠습니까?

교수: 부탁의 목탁을 두들기니 돌부처라도 한마디 안 할 수 있나? 선거는 함정이야.

학생: 함정이라니요?

교수: 가랑잎과 투표지는 떨어지면 모아서 태우는 것이 좋다는 것이지. 선거함을 지고 장가들지 않을 바에야.

학생: 도무지 무슨 말씀인지?

교수: 길을 잘못 들지 않은 바에야 벽에 붙어 비바람과 싸울 수 있나? 이제까지 홍수로 불어난 냇물에 징검다리 건너듯 간신히 물을 건너기는 했지만, 자칫 잘못하면 숲 속에 길을 잃을 위험

이 있지. 언제나 어둠산에 포위되어 있으니까. *La diritta via era smarrita.*

학생: 무슨 말씀인지 잘 이해가 안 가는데요.

교수: 단테는 원래 좀 그래. 캄캄한 숲 속에서 바른 길이 사라졌다는 뜻이야. 총학선거는 바로 그 길을 가는 사람이 승리해야 할 텐데, 나무 같은 학생들이 푸르기만 할 뿐 뭘 알아야지. 한국 역사가 어떻게 흘러가며 학생운동과 역할이 어떻게 급류가 되기도 했다가 더러는 완만하게 흘러갔는지 그 리듬과 속도의 변화무쌍한 이치를 알아야 하는데, 냇물에 돌멩이 던지듯 아무 생각도 없이 투표함의 함정에 소중한 것을 던지기 십상이니 자칫 진주를 잃어버릴까 걱정이 된다는 것이야.

학생: 투표함이 곧 함정일 수는 없지 않습니까?

교수: 그래. 투표함이 함정이 되는 것을 허용하지 않는 것이 바로 진정한 선거야. 항상 거꾸로 가기 쉬운 역사의 머리채를 휘어잡아 다시 제 길로 가게 만드는 것이 내가 말하는 선거야. 바로 그런 선거가 과연 호남대학에서 가능할 것인가 생각을 해보란 말이야. 너무 순탄한 역사도 재미가 없지만 멀쩡한 것을 바보 이야기로 만드는 것도 정말 문제지.

학생: 우리는 굴곡의 역사를 살아왔다고 믿고 있는데 교수님은 어떻게 생각하십니까?

교수: 원래 커브가 심한 것이 역사니라. 호남대학의 역사도 예외는 아니겠지.

^{학생}: 그래서 선거는 역사의 커브길에 브레이크와 같은 것 아니
겠습니까?
^{교수}: 그러나 갑작스럽게 밟았다간 뒤집어지게 만드는 것이 또
바로 그것이지.
^{학생}: 그러면 단도직입적으로 말해서 교수님의 입장은 어떤 것입
니까?
^{교수}: 자네는 단도직입을 좋아하나 나는 시를 좋아하니 단도직입
적으로 시를 하나 날조해 볼까? 단도직입과 총학 선거란 말을
맨머리에 박아서.

단정한 옷차림에 깍듯한 경례
도저히 믿기지 않는 갑작스런 변신
직접간접 들어서 알고 있는데
입으로만 외친다고 믿어줄까
총대를 메고 비장한 표정으로
학우 여러분 어쩌고 하는 것을 보니
선천적이로다, 타고 났도다
거창한 말투에 튀기는 침이   1998. 11. 10

어등야화 魚登夜話

↳ 내려가기만 하는 세상의 체온을 몇 도 올릴 수 있는 대학, 학문과 신의를 소중하게 생각하는 대학, 교육은 그때부터 시작될 것입니다.

교수1: 천장은 높아졌다 낮아지고. 불빛은 밝았다 희미해지고. 날도 저물고 해도 저물고 인생마저도.

교수2: 벌써 취하신 것 아닙니까?

교수1: 인생 얘기가 나오자마자 취했다니. 옆에 앉은 아가씨가 갑자기 예쁘게 보이기 시작한다면 몰라도. 그런데 여전히 흥이 내키지 않으니 취하기까지는, 봄이 오기까지는 아직 멀었지 않은가? 그나저나 어등산 해오라기들은 지금 무엇하고 있는지?

교수2: 어딘가 잘 있겠죠.

교수1: 그런가요? 서울로 간다는 것 같던데.

교수2: 서울요? 왜 서울로 갑니까? 어등산이 어째서?

교수1: 그거야 호루라기, 아니 해오라기에게 물어봐야지. 떠오르는 영감으로 말할 수는 없는 것 아닙니까?

교수2: 그런 일은 결코 있을 수 없습니다.

교수1: 있을 수 없다니요? 무엇 말입니까? 날개를 가진 것은 날아야 되는 것 아닙니까?

교수2: 그래도 청정한 황룡강과 오염된 한강을 바꾼다는 것은 도무지 이치에 맞질 않아요. 말이 되지 않지 않습니까?

교수1: 이중부정이 단순부정보다는 낮은 것임에는 틀림없습니다만, 문제는 호남대학이 좀더 잘 돌봐줬더라면 적어도 한 겨울을 여기서 날 수도 있으련만.

교수2: 겨울을 나려면 남으로 가야지 왜 북으로 간단 말입니까?

교수1: 그러기에 더 문제가 있는 것 아니겠습니까? 남쪽이 북쪽보다도 더 추우니.

교수2: 그럼 호남대학이 어떻게 했어야 된다고 생각하십니까? 철새를 모시는 좋은 방법이라도?

교수1: 철새가 아닌데 어찌 알 수 있겠습니까? 다만 사람을 철새로 만드는 일은 없어야겠지요. 호남대학은 무조건 품어야, 사람이던 짐승이던 무조건 따뜻하게 품고 사랑하고 소중히 모셔야 코앞에 밀어닥친 긴 겨울을 무사히 날 수가 있습니다. 내려가기만 하는 세상의 체온을 몇 도 올릴 수 있는 대학, 학문과 신의를 소중하게 생각하는 대학, 교육은 그때부터 시작될 것입니다.

교수2: 그렇기는 합니다만, 해오라기의 이동과 호남대학과는 무관한 것 아닙니까?

교수1: 이야기가 이렇게 나가다가는 오늘밤 취하기는 틀린 것 같

은데, 이봐요, 아가씨, 우리 이야기 지독하게 재미없지? 보약은
보약인데 감초를 깜박 잊었으니.

교수2: 술이 취해야 사람이 예뻐 보인다는 것이 사실인가요?

교수1: 예쁜 사람을 보면 술을 안 마셔도 절로 취하게 되지.

교수2: 취하면 예쁜 사람도 미운 사람도 없어지고. 고로 나는 취
했더라.

교수1: 그럼 호남대학이야말로 한 잔 해야겠구면. 아가씨, 호남대
학에다 가득 부으라고. 헤매기는. 바로 이분이 호남대학이야. 잘
따러. 냉가슴에 김이 모락모락 나게.

교수2: 우리 내기 한번 할까요?

교수1: 내기요? 거의 반세기를 살았어도 소풍가서 보물 한번 못
찾고 퀴즈 한번 맞춰 본 적이 없는데, 내기라니요? 그러나 진리
를 위해서라면 언제든 나는 불꽃의 기본 자세를 갖추고 있으니
까. 그러나 하나는 이기고 하나는 질 것인데, 이겨도 교만하지
않고 져도 부끄럽지 않을 자신만 있다면, 합시다. 무슨 내기든.

교수2: 만일 어등산 해오라기들이 남산으로 대거 이동한다면 나
는 그날로 교수를 그만두겠습니다. 이번 기회에 그 황당한 유언
비어와의 전쟁을 선포하고자 합니다.

교수1: 네? 설마 취하신 것 아닙니까? 비장한 것도 좋지만 나는
극단적인 것은 대비상인데, 유언비어를 가지고 또 유언비어를
만드는 것은 더욱 꺼림직하고.

교수2: 이런 것은 정면 돌파가 최선입니다. 교수님은 부담 갖지

말고 해오라기들이 어등산에 계속 머물면 술이나 한 잔 사십시오.

교수1: 내기가 공평하지 않은데요. 교수직을 한 잔 술과 바꿀 만큼 가볍게 생각한다면 몰라도.

교수2: 그것은 아닙니다. 어디까지나 자신과 소신의 표현일 뿐입니다.

교수1: 이렇게 되고 보면 취하기도 전에 술의 포로가 되고 만 것 아닐는지. 이건 진심입니다. 나는 내가 져도 좋으니 해오라기들이 어등산에 머물렀으면 합니다. 새가 보금자리를 트는 곳이야말로 인간이 살만한 곳 아니겠습니까? 문제는 왜 심심하면 이상한 아지랑이가 어등산 자락에 감기는가 하는 것입니다. 나는 내가 틀렸으면 좋겠습니다, 뭔가 잘못 봤으면 좋겠습니다. 진심입니다. 그대에게 술을 사고 싶습니다. 술 사서 술 취한 세상이 제 정신이 들 수 있다면야. 당신이 이길 수 있도록 최선을 다 할 것입니다.

1998. 12. 10

학생지도 學生之道

↳ 과속은 보통이고 가속은 필수입니다. 學生之道를 아는 학생은 죽어도 끽하고 죽는 것이 아니요 만끽하고 죽는다고 생각하는데, 교수님은 어떻게 생각하십니까?

교수: 방 안에 온통 청춘의 꽃들이 만발하구나. 여드름이 익는 얼굴들이 싱싱하고. 오늘이 첫시간이던가? 수업에 대한 본론은 잠시 후 졸음 올 때 하기로 하고, 우선 우리 호남대학에서 가장 중요하게 생각하는 학생지도學生之道에 관해 한마디 투하해 볼까? 學生之道란 말 들어봤나? 學生之道는 호대의 화두이자 교수 학생 모두의 화두가 되어야 한다고 생각하는데, 이에 대해 이의가 있는 사람이 있으면 학점과 목숨을 걸고 말하도록.

학생: 學生之道란 학생 전용도로를 말하는 것 아닙니까?

교수: 학생전용도로는 어떤 길인가?

학생: 배움을 사모하고 사수하는 길이 아니겠습니까? 달리다가도 신호등이 있으면 멈추고, 핸들은 돌리되 두 눈은 고정시키는 것 아니겠습니까?

교수: 대답으로서는 가히 상중상上中上이야. 그 정도면 필기시험은 합격하겠군.

학생: 문제는 실기가 아니겠습니까? 핸들은 고정되고 두 눈만 바쁘게 돌아가니 말입니다.

교수: 눈을 감아버리면 핸들을 잡은 두 손이 바빠질걸. 무엇이 그대의 시선을 어수선하게 하는고?

학생: 온갖 유혹이 진드기처럼 달라붙으니까요. 입시지옥에서는 참을 수밖에 없었지만.

교수: 자유를 만끽하고 싶다는 것인가? 그러다가 끽하고 죽을 수도 있는데.

학생: 과속은 보통이고 가속은 필수입니다. 學生之道를 아는 학생은 죽어도 끽하고 죽는 것이 아니요 만끽하고 죽는다고 생각하는데, 교수님은 어떻게 생각하십니까?

교수: 스피드가 있으면 제일 먼저 귀신이 따라 붙게 돼. 브레이크는 서서히 밟아야지.

학생: 슬로우 모션이 길면 재미없지 않습니까?

교수: 권투에서 K.O.는 항상 슬로우 모션이야. 정말로 아픈 것은 그것이거든.

학생: 항상 안전만을 택하는 것이 學生之道일까요?

교수: 안전과 위험을 가릴 줄 알고 중앙선을 잘 지키는 것이 學生之道지.

학생: 젊은이가 늙은이의 길을 가면 중앙선 침범입니까 아닙니까?

교수: 學生之道의 관점에서 말인가? 소신으로 결정하자면 무죄요, 여론으로 정하자면 유죄니라.

학생: 그렇다면 여론은 잘못된 것 아닙니까?

교수: 멀쩡한 진리를 두들겨 패서 병신 만드는 것이 여론이지. 때로는 말을 비틀어 억지를 끌어내기도 하고. 그래도 든든한 것이 여론이고. 그것이 자기편이기만 하다면.

학생: 그러다보니 천막 칠 데가 영 마땅치가 않습니다.

교수: 그렇다고 아무데나 천막을 치면 쓰나? 천막은 원래 시원한 강가나 숲 속에 치는 것이 정상인데, 왜 걸핏하면 학교에다 치는지 너희들 취향을 알다가도 모르겠구나. 그것도 찬바람 부는 겨울 캠퍼스에.

학생: 다 學生之道 때문 아니겠습니까? 學生之道의 진도는 그만 나가시고, 다음 시간은 교수지도敎授之道로 나가시는 것이 어떻겠습니까?

교수: 學生之道를 시작하자마자 敎授之道로 건너뛰다니, 너무 성급하지 않는가?

학생: 성급한 것은 교수님들 아닙니까? 어려운 學生之道를 단숨에 깨치라니.

교수: 교수의 그 같은 성급함이 잘못됐단 말이냐?

학생: 교수님들에 대한 저희들의 기대가 성급하면 안 됩니까? 學生之道는 복잡하게 생각할 것 없이, 위험한 고속도로라고 생각합니다. 게릴라들이 다니기 거북한.

교수: 그래서 너희들은 어둠과 샛길을 번갈아 이용한다더냐?

1999. 3. 10

내일은 불안 불안 불안

↯ 나는 너희들의 수업태도에서 한국의 어두운 미래를
보나니, 더 큰 굴욕과 수모가 줄서서 기다리고 있느니라.

학생: 요즈음은 제가 왜 이런지 모르겠습니다. 걸핏하면 코가 깨
지는 대한항공처럼. 강의 중에도 마음은 늘 활주로를 벗어나고.
몸과 맘의 프로펠러가 따로 돈다니까요. 하루 종일 이렇게 헛바
퀴만 도는 것, 이것도 무슨 병이 아닐까요?

교수: 너희 같은 청춘들에게 흔히 생기는 병이니라. 예전에는 봄
을 탄다고 해서 가벼운 감기 정도로만 생각했는데, 요즈음에는
병이 더 사나워지고, 우리 같은 죄 없는 장년에게까지 전염되는
등, 나른한 봄에 나타나는 청춘성 바이러스 질병이지.

학생: 무슨 방법이 없을까요?

교수: 나른하고 맥이 날 때는 흥분이 최고지. 흥에다 분을 더하는
것 말이야. 스트레스는 나쁜 것 같지만 적당한 스트레스는 없어
서는 안 될 삶의 원동력이야.

학생: 그래서 지금 어디 간지도 모르는 삶의 원동력을 맥이 나도

록 찾으란 말씀인가요?

교수: 찾을 필요까지야 있겠느냐? 사방에 널린 것이 그것인데. 바람에 뒹구는 신문에 항구 가득 밧줄에 묶인 어선들이 보이지 않느냐? 정부 개혁안이 침몰하여 쓰레기로 떠오른 것이 보이질 않느냐? 보궐선거의 한심한 얼굴들, 씨도 안 먹힐 공약하며 억지웃음으로 일그러진 몰골들, 가만 있어도 마음속에 먼지로 쌓이는 것이 스트레스니라.

학생: 교수님, "일기예보"라는 노래 아십니까? 나온 지는 더러 됐습니다만.

교수: 그럼 한번 창唱 해 보거라.

학생: 그대는 바람, 바람, 바람.

왔다가 스쳐가는 바람.

내일은 불안, 불안, 불안.

갔다가 돌아오는 불안.

교수: 표절에 패러디까지.

학생: 저도 스트레스가 많습니다. 생각만 해도 LPG마냥 폭발할 것만 같습니다. 걸어다니는 가스통이라니까요. 불쌍한 우리 아버지 학원 강사이신데, 나이 새파란 원장에게 엄청나게 스트레스 받거든요. 학원이라고 구멍가게 만한 것 차려 놓고 이래라 저래라 오만방자하게. 그런 아버지에게 줄줄이 곶감처럼 매달린 우리 식구들을 생각하면……

교수: 자식의 심정을 모르는 바는 아니다만, 그 정도 가지고 뭘

그러느냐? 너도 졸업해서 학원을 차리면 될 것 아니냐? 성이 안 차면 아예 대학을 하나 차리든지. 다만 염려스러운 것은 뒤틀린 꿈을 좇다 보면 사람이 먼저 망가지나니, 차마 스승이 제자에게 권할 것은 못되겠지.

^{학생}: 뒤틀린 꿈은 꿈이 아닙니까?

^{교수}: 멀리 내다봐야 하느니. 무엇보다도 떳떳해야 하느니라. 하늘을 자기편으로 만들지 않고서는 승산이 없나니. 세상은 끊임없이 바뀌고, 주인과 하인이 계속해서 임무 교대를 하는 것이 역사의 순리이니, 그래서 무릇 가진 자는 바늘 방석에 앉은 것과 같다고 했느니라. 성경에 여호와는 오만한 자의 집을 무너뜨린다고 하지 않았느냐? 그런데 하나님이 할 일을 굳이 사람이 할 필요가 어디 있겠느냐?

^{학생}: 요즈음 보이는 것 모두가 굴욕적입니다. 한일어업 재협상을 보십시오.

^{교수}: 너희들이 수업 준비하지 않는 것과 뭐가 다르냐? 나는 너희들의 수업태도에서 한국의 어두운 미래를 보나니, 더 큰 굴욕과 수모가 줄서서 기다리고 있느니라. 아, 나 역시 봄을 타는지 심기 일전이 어렵구나. 세상이 온통 시끌시끌, 아니 쌍끌쌍끌 하지 않느냐? 뒤늦게 현해탄 건너간 우리의 수산 장관, 정말 장관이 아닌가? 형님, 아우, 어쩌고 하면서. 오 부치여, 오 수치여. **1999. 3. 25**

랩 靑山別曲

↯ 청춘청춘청춘 청산청산청산
열정격정폭발, 눈물한숨절규

학생: 오월의 날씨가 너무 좋은 것 같습니다.

교수: 그런가? 청산은 있는데 별곡이 없구나.

학생: 청산이 별곡에 취해 폭포 아래로 떨어지면 어떻게 하죠?

교수: 저 바위 아래 물살은 온몸이 부서지면서 뛰어오르누나. 기쁨인가, 아픔인가?

학생: 저 흩어지는 물보라 속에 살 수는 없을까요?

교수: 무지개 일곱 가닥을 꼬아볼 순 없을손가?

학생: 청산을 포위하고 있는 인간세계를 보십시요. 아파트 절벽이 해발 몇 미터인지, 산보다도 높지 않습니까?

교수: 가슴 펴고 알루미늄 새시 속으로 들어갈 수가 없어 청산은 언제나 멀리 외롭게 돌아서 있는 것 아니더냐?

학생: 답답한 하숙방, 청산의 얼굴은커녕 귀밑머리라도 봤으면 원이 없겠어요.

교수: 매일 학교에 와 별유천지에서 청산과 뒹굴지 않느냐?

학생: 그런데 이상하게 학교에 오면 산은 어디로 가고 건물만 보이니, 학교는 혹시 숨이 멎은 건물 아닐까요?

교수: 초록 잎사귀 가득 새겨진 글들, 나무 허리에 흘러내리는 시들, 푸른 솔잎의 바늘 같은 경귀들, 이들이 책이요 학교이건만, 벽돌과 콘크리트 덩어리가 학교라니 이마에 박힌 두 눈을 뽑아 마음속으로 옮기지 못할까, 눈썹까지 송두리째?

학생: 마음이 어디 있는지를 모르는걸요. 늘 내 마음 어쩌구 하면서도 과연 내 마음이 있는 것인지, 있으면 그것이 무엇인지 알 수가 없으니까요. 그래서 누가 나에게 마음을 준다고 하면 과연 내가 받은 것인지 아리송하다니까요.

교수: 마음이 언제는 단순한 공간 개념이더냐? 시간과 공간을 줄넘기 하듯 넘을 수 있기에 마음 아니더냐? 너희는 바로 이 끝없는 마음의 밭을 갈려고 늘 산을 기어오르는 것 아니더냐?

학생: 그래봤자 청산은 청산 아닙니까?

교수: 마음의 눈으로 내시한 청산은 조금 다르니라. 청산은 그저 청산이 아니요, 녹음의 성이요, 영원의 초상화이니라. 그것을 별곡으로 다듬으면 입술에 감미로운 노래로 변할 수 있으니.

학생: 입술로 가지고 노는 청산이 제 취향에는 제일 적격일 것 같습니다. 교수님, 그런 의미에서 청산별곡 하나 지어보시죠. 곡은 제가 랩으로 근사하게 뚝딱하겠습니다.

교수: 혹시 청춘별곡을 잘못 착각한 것 아니냐?

학생: 청산이나 청춘이나 제게는 그게 그건데요.

교수: 그럼 가락은 랩으로 하되 밭가는 황소걸음으로 하거라.

학생: 가끔 그것의 엉덩이를 걷어차는 것을 용서하십시오.

교수: 청춘청춘청춘 청산청산청산

청춘을 청산해 버렸어, 청산은 청춘이라 쉬웠어

거스름돈일랑 집어던져 버렸어, 청춘의 거드름 좋아보였어

청산에 살어리랏다 다 틀려 버렸어

청산의 굵은 허리 누군가 잘라 버렸어

구멍이 뻥뻥 뚫리고, 누런 벌레 길이 나타났어

청산에 살어리랏다 다 틀려버렸어

아파트 절벽에 둥지치고 제비처럼 살다가겠어

청산에 죽는 것도 다 틀려버렸어

청춘의 녹음은 알고 보니 낙엽이었어

청춘청춘청춘 청산청산청산

열정격정폭발, 눈물한숨절규

도착하고 떠나는 와중에서

청춘의 푸른 물감 풀어지는데

청춘청춘청춘 청산청산청산

노래 속 청산만 더욱 푸르렀어

님 떠난 하늘만큼 더욱 푸르렀어

오오아으 오오아으 얄리얄리얄라

청춘청춘청춘 청산청산청산
1999. 5. 10

Up적 평가와 유목민

↯ 지난번에는 종합평가, 이번에는 업적평가, 평가평가 하다가 이대로 평 가는 것 아닐까요?

교수1: 이번 새로 나온 업적평가 시안 보셨습니까?

교수2: 대충 살펴보기는 했습니다만.

교수1: 어떻던가요?

교수2: 대충 봤으니 대충 좋을 수밖에 없겠지요. 늘 겁주는 세상이 즐겁다니까요.

교수1: 지난번에는 종합평가, 이번에는 업적평가, 평가평가 하다가 이대로 평 가는 것 아닐까요?

교수2: 평가평가나 땡까땡까나 혼탁한 세상에 불신의 리듬을 한껏 반영하는 것 아니겠습니까? 고무줄 잣대를 흔들면서.

교수1: 낙오자가 생기면 환호의 폭죽이 터지겠죠. 안됐다고 하며.

교수2: 원래 생존경쟁은 그리 좋은 것이 아닙니다. 파괴만 있고 협력이 없는 경쟁은 언젠가 경쟁으로서 경쟁력을 잃기 마련이죠.

교수1: 그러면 기다리기만 하면 되겠군요. 경쟁의 사망 소식이 들릴 때까지.

교수2: 그러자면 명이 길어야지요.

교수1: ABC를 주문처럼 외우다 삶의 ABC로 돌아갈 것만 같습니다.

교수2: 알파는 오메가 해야겠죠.

교수1: 문제는 ABC 이상 진도가 더 나가면 안 된다는 데 있지 않습니까?

교수2: 그렇지요. 업적은 걷거나 달리는 것이 아니라 뜨거나 나는 것이지요. 그러니까 Up적 아니겠습니까? 날개 없는 두 발 달린 짐승으로서는 약간 부담스럽죠.

교수1: 태산이 높다 하되 Up적 아래 뫼이로러다. 어쩌다 케케묵은 시조가 다 나오는 거죠?

교수2: 오르다 Down 하면 아니 오른만 못하나니. 대구가 바로 이어지는 것이 심상치가 않군요.

교수1: 사람은 Up 하지 않고 섭하다고만 하여라.

교수2: 섭하다고 하면 욱한 것도 문제죠.

교수1: 그래서 애들이 저렇게 천막을 치고 떠들어대는 것 아닐까요? 스승의 날을 학생의 날로 착각하고 있질 않습니까?

교수2: 행여 그 아이들한테 천막은 한여름 바닷가에 가서 치는 것이라고 말하면 큰일납니다.

교수1: 아니, 그건 왜 그렇습니까?

교수2: 천막은 불만의 무더위를 식히기 위한 저들의 내 집 마련이니까요.

교수1: 그래서 강의실 아래 그린벨트에 자리를 잡은 건가요?

교수2: 무법천지에 무허가 무법이 녹음처럼 한바탕 무성하지 않습니까? 저게 유목민이지 어디 학생입니까? 무슨 말인지 알 수 없는 소리를 사하라의 베두인족들처럼 외치고 있으니. 근세기 최대의 발명은 마이크일 것입니다.

교수1: 뭔가 이유가 있지 않을까요? 우리 세대가 이해하지 못하는 캄캄한 구석이.

교수2: 말이 현란하니 어찌 그늘이 없겠습니까? 어른들의 위선은 그렇다 치고 아이들의 위선은 정말 역겹기만 합니다. 옛날에는 그저 지겨운 정도였는데.

교수1: 배워도 왜 하필이면 우리들의 잘못된 것만 골라 배울까요?

교수2: 원래 교육이란 것이 말을 가르치면 욕부터 배우죠. 우리는 강의실에서만 가르치고, 저들은 강의실 밖에서만 배우니까.

교수1: 온 세상을 강의실로 만들어야겠군요. 아니면 아예 강의실을 없애던가.

교수2: 그래도 저들은 천막을 칠 것입니다. 세상을 무조건 사막이라 우기면서.

교수1: 그러나 저 아이들을 좋게 봐주십시다. 어쨌든 우리의 제자들이 아니겠습니까?

교수2: 맞습니다. 유전자만 다른 우리의 자식들이니까. 또 언젠가 우리도 유목민이 될지도 모르고.

교수1: Up적 평가 말인가요?

1999. 5. 25

한국 엿사의 몽정과 에미

↪ 내 엿사의 바늘로 혀와 창자를 꿰매는 자는 복이 있나니. 잡아도 쉽게 놔주니까. 교수의 역할이 바로 그런 것이니라. 학생의 역할은 계속 상처를 꿰매면서 헤매는 것이고.

교수: 자, 다음은 한국 엿사의 몽정과 에미에 대해 망해볼까?

학생: 교수님, 맞춤법이 좀 이상한데요?

교수: 감기에 코가 막혀서이니, 콧소릴랑 목소리로 바꾸거라. 과연 훌륭하도다, 훈민정음이여, 사소한 발음과 발언도 시비와 문건이 되는구나.

학생: 그럼 선거의 목적과 의미라고 하셨습니까? 한국 엿사는 워낙 기분과 가위 맘대로 공천하니 오늘 아침 교수님 엿은 귀에 안 들어오는데요?

교수: 선거에 출마하더니 입이 너무 바빠 엿도 귀로 먹는구나. 그럼 먹지도 듣지도 못하는 엿을 소개하지. 엿사의 몽정과 에미가 뭔지, 아니 선거돈가?

학생: 뭐니뭐니 해도 선거의 목적은 일단 붙고 보는 것이죠. 의미는 언제라도 적당히 갖다 붙이면 되는 것이고.

교수: 붙는다는 말이 아예 입에 붙었구나. 그래서 모든 말은 엿으로 통하는가? 엊그제 치룬 수능시험도 그렇고, 이 세상 모든 만물은 암수 같아서, 아리스토파네스가 말하는 반쪽들이어서, 남남이 되어버린 잃어버린 자신을 강력본드로 접착시켜야만 완전하게 되지. 그렇다면 나의 "엿"도 그런대로 쓸 만하지 않은가? 노자의 "도道"만큼 거창하지는 못해도 다분히 시사적이고 민중적이지 않은가?

학생: 그러면 한국 역사의 목적과 의미는요?

교수: 엿이 한가운데서 한국과 역사를 뜨겁게 달라붙게 해주지. 엿은 영어로 치면 and와 같은 것이야. 너희들이 좋아하는 소위 "접속"시켜 주는 말이야. 접선이 아니고 접속이야. 보안법만은 철저하게 지켜야지. 엿사 의식이 투철한 자는 끈끈한 근성과 끈기를 온몸에 감고 다니지.

학생: 교수님, 한국 엿사의 목적과 의미는요?

교수: 좋아. 역시 방금 말한 끈기가 있어 좋구나. 한국 엿사의 몽정과 에미에 대해 말하자면 단군이 신단수 아래 엿판을 차린 이래 엿사의 강물이 뚝도 없이 반만년을 흘러 왔으렸다. 의미가 부재하는 세상에서 의미의 출석을 부르면서 신과 인간을 바꿔치기 하면서. 의미는 늘 결석하거나 대리 대답하고, 목적은 어쩌다 심심하면 한번씩 나타났으니, 난리가 나야 서로를 부둥켜

안고 부랴부랴 모두가 하나의 엿판 위에 놓인 엿가락임을, 한 민족임을 깨달았겠다. 그러나 말라버린 강물도 흐르는 것은 흐르는 것인가? 죄가 있어야 역사도 엿사도 있는 것인가? 생각할수록 혼란스럽고나.

학생: 이해가 안 가는데요? 그런 얘기는 못 들어 봤는데요?

교수: 누가 엿사를 이해하는 것이라고 하더냐?

학생: 그럼 이 강의는 묻지마 강의인가요?

교수: 강태공이 물고기에게 물지 말라고 하는 것 봤느냐? 묻는 대신 물라는 것이야. 내 꼬부라진 낚싯바늘을. 내 엿사의 바늘로 혀와 창자를 꿰매는 자는 복이 있나니. 잡아도 쉽게 놔주니까. 교수의 역할이 바로 그런 것이니라. 학생의 역할은 계속 상처를 꿰매면서 헤매는 것이고. 실밥이 틀어질 때까지.

학생: 그건 그렇고 한국 역사의 목적과 의미는 어떻게 된 거죠?

교수: 기말 시험에도 안나올 문제인데 계속 신경과 촉각의 안테나를 뽑고 주파수를 맞추는 것이 언젠가는 한번쯤 일을 낼 놈이구나. 내가 너 같은 젊음을 만나고자 반만년을 기다렸다면 믿겠느냐?

학생: 반만년을요?

교수: 엿사를 만들었으니 나이가 적어도 그만은 하지 않겠느냐? 하루살이의 눈으로 보면 우리는 모두 영생불사의 신이 아니고 무엇이냐? 길고 짧은 바늘은 시간을 가리키지만 영원을 무엇을 가리키는가? 순간은 영원이 얼어붙은 것이 아니더냐?

한국 엿사의 몽정과 에미는 말라버린 한국문학과 우리말을 꿈과 땀으로 흠뻑 적시는 것이다. 그것이 각본대로 안 되면 그 위에 신나를 뿌리고 이어서 피다만 담배꽁초를 버리던가, 잿더미서 불씨를 털면서 일어나는 것으로 다시 시작하고자, 타버린 흙더미를 밀고 올라오는 것을 모아 다시 일으키고자 허리에 칭칭 불길을 감고 이리저리 뒹구는 것이다. 너희는 서둘러 엿사의 바이러스에 감염되어야 할 것이야. 나를 미워할수록 너희는 성숙하게 되고, 나를 미워할수록 너희는 자기도 모르게 문학에 접근할 것이니라. 사무치게 미워해보지 않고서 어찌 인생을 알며 사랑의 희열과 히말라야를 정복할 수 있으리? 나의 한국 엿사는 너희가 산꼭대기에 올라가 흰눈 속에 알을 낳는 날 완성될 것이야.

1999. 11. 25

송자삼경

🔖 무엇을 믿고 살아야 하나? 무엇을 보고 살아야
하나? 무엇을 가르치며 살아야 하나?

교수: 사서삼경이 무엇인지 말해 보게.

학생: 논어, 맹자, 손자 그리고 뭐라더라 혹시 송자 아닌가요?

교수: 내가 사서四書 고생하는구나. 그러면 삼경은?

학생: 암기가 막히니 뜻으로 뚫어보면 어떻겠습니까?

교수: 어떻게 말인가?

학생: 경警이란 말은 놀란다는 뜻이니까 삼경은 세 번 놀란다는
뜻이 아니겠습니까?

교수: 세 번 놀라다니?

학생: 그가 교육부 장관이 된 것이 첫 번째 놀라움이요, 16억원을
내놓고 금시 사표를 낸 것이 두 번째 놀라움이요, 총장을 하면
서 그런 거액을 벌다니 대한민국 총장들이 모두 놀란 것이 세
번째 놀라움입니다. 기부금을 걷기도 잘하지만 내놓기도 잘하
는 사람은 역시 그분밖에 없는 것 같습니다.

교수: 그것이 자네가 말하는 송자삼경인가?

학생: 이 고전의 내용인즉 교육이란 역시 어렵다는 것입니다. 일장에 보면 교육지고육야敎育之苦肉也라 했는데, 교육을 고육으로 갈파한 것 아니겠습니까?

교수: 일리가 있는 말이야. 하는 사람도 받는 사람도 교육을 거래하는 자들을 관장하는 장관도. 그러나 내가 아는 송자삼경은 좀 다르니라.

학생: 어떻게 말입니까?

교수: 일경은 우리나라 여론 청문회가 어쩌다가 세계 최고 수준이 된 것이요. 이경은 위선적인 시대일수록 도덕을 법 위에 앉힌다는 사실이지. 콧잔등 위에 파리를 앉히는 격이지. 삼경은 우리의 경우 장관이 되면 남 앞에 장관을 연출한다는 것이야. 장관이 되지만 않았더라도 그 많은 것을 한꺼번에 잃어버리고 텅 빈 무대에 홀로 서지는 않을 것을! 왜 그것을 미리 명지明知하지 못했을까?

학생: 욕심이 죄를 낳고 죄가 사망을 낳는다는 경고를 설마 했기 때문 아니겠습니까?

교수: 명예는 강물 같아 가벼운 것은 위로 떠오르고 무거운 것은 아래로 가라앉지. 목에다 연자 맷돌을 걸고 헤엄을 치려 했으니 연세까지는 몰라도 만세까지는 갈 수 없구나.

학생: 한마디로 삶의 경영이 부실했습니다. 그러니 여론이 법정관리를 해야겠죠. 모든 것을 이중국적처럼 처리하려 하면 되겠

습니까?

교수: 그러나저러나 교육이 문제로다. 교육은 해찬 바람에 시달리다가 쓰러진 벼처럼 노랗게 싹이 나고 있으니 노란 싹수를 다시 일으켜 세울 힘찬 용사는 없는가? 해마다 자식 농사를 망친 지가 벌써 몇 년째인가?

학생: 등록을 계속하면 언젠가 녹을 먹을 수는 있을까요? 책 속에 과연 녹이 있을까요?

교수: 그래도 학교가 중국산 농산물보다는 낫지 않겠느냐? 원산지 하나만은 확실하니까.

학생: 수많은 정치인들, 매일 놀다가 심심하면 거리로 뛰쳐나가는 국회의원들, 백로와 까마귀가, 흰깨와 검은깨가 구분이 안 되는데 책가방에 들어갈 금속 탐지기는 없을까요? 애인 가슴에 들이대면 무슨 소리가 날까요?

교수: 송자께서도 말씀하셨듯, 이렇게 해도 도움이 안 되고 저렇게 해도 도움이 안 되니, 차라리 시장에서 사라지는 게가 제일 좋은 게일 것이야. 납덩어리를 가슴에 품고 해저 터널을 걸어 다니는 무서운 꽃게들, 이들을 과연 어떻게 인간으로 만들어야 옳은가? 꽃게를 납덩이로 만든 천근만근 양심의 중독을 무엇으로 해독할꼬? 여기 저기 들리는 금속성 소음, 여야의 다투는 소리도 시끄러운데 꽃게와 복어마저도 시끄러우니, 무엇을 믿고 살아야 하나? 무엇을 보고 살아야 하나? 무엇을 가르치며 살아야 하나?

2000. 9. 10

서울을 아사달로

지금이라도 쑥과 마늘을 우리의 엉성한 틀니로 씹을 각오가 되어 있지 않은 한 마음의 거울에 알알이 비치는 현실은 절망적이지. 외국인들에게 자식 교육을 맡겨야만 마음이 놓이는 사회는 절망적이지. 자식을 맡길만한 능력이 못 되는 사람들은 더욱 절망적이고.

학생: 과거로 회항回航해야 한다고 하셨습니까? 정말 그 길밖에는 없습니까?

교수: 과거가 어때서?

학생: 이미 지나온 길이지 않습니까?

교수: 그러니 좋은 시절이 있었지 않았겠는가?

학생: 그때가 언제였습니까?

교수: 그 옛날 우리의 할아버지가 하늘의 공수부대 3천 명을 데리고 히말라야를 넘고 아프간 상공을 지나 저 멀리 조선땅 삼위태백을 내려다보며 낙하하던 순간이지.

학생: 그것은 유사遺史지 역사가 아니지 않습니까?

교수: 홍익인간을 하지 못하는 역사가 무슨 역사란 말인가? 앞이 막혔으니 뒤로 빠져 원위치하는 수밖에. 태백산 환웅과 웅녀의 동굴로. 공해가 없는 신시神市로. 반만년을 다시 나는 데 기름이 충분할지 모르겠지만. 아- 아사달이여!

학생: 그러면 그동안의 역사를 아예 원천무효로 하자는 말씀인가요? 서울을 아사달로 바꾸는 것이 좋은 아이디어일까요?

교수: 원래 지우고 다시 쓰는 것이 엿사 아니던가? 넋 놓고 가다가 넋을 잃는 것보다야 낫지 않는가? 심심하면 구름 속 테러리스트들과 씨름하는 우리 사천만 대한항공이 아슬아슬하기만 하구나. 언제나 움켜잡은 멱살과 샅바를 놓을 수 있을지!

학생: 우리에게 무슨 테러라도 일어난 것인가요?

교수: 그것은 항상 일어나고 있지 않은가? 우리의 적은 우리 자신인 것을!

학생: 그래서 늘 자신과의 싸움을 강조하셨지 않습니까? 그런데 뭐가 잘못 됐습니까?

교수: 늘 지니까 하는 말 아닌가? 거울만 봐서는 모르지. 겉만 보면 더욱 모르고.

학생: 거울이 거짓말이라도 한단 말인가요? 올라갈 때마다 올라가는 체중기처럼.

교수: 자네에게는 진실만을 말하던가?

학생: 적어도 있는 그대로 말해주는 것이 거울 아니겠습니까?

교수: 그러나 우리는 거울에게 자신의 욕망을 강요하고 있지 않

은가? 백설공주의 계모처럼.

학생: 그러면 거울은 믿을 것이 못되는 것입니까? 교수님이야말로 저희의 거울이 아니십니까?

교수: 거울이라? 한심한 몰골들을 꽤나 울렸지. 시험 때만 되면. 여드름을 잘도 찍어내지. 거드름은 말할 것도 없고. 그러나 언제부터인가 깨진 거울일 뿐이야.

학생: 깨지다니요?

교수: 허망한 세대의 환상을 깨고자 어느덧 금이 가고 맛도 가고, 햇살이 부딪히면 사방으로 튀기지.

학생: 이해가 잘 안 가는데요.

교수: 이해가 안 가다니? 이 해가 벌써 절반이 다 지났는데.

학생: 왜 우리가 허망한 세대인지 말입니다.

교수: 모두 치맛바람으로 컸으니 허망하지 않은가? 어른들의 못된 것만 보고 자랐으니 정신발육이 부진하고 나이를 먹어도 마음의 젖을 떼지 못하는 것을 말하는 것이 아닌가?

학생: 미국도 전후에 허망한 세대가 있지 않았습니까? 로스트 제너레이션Lost Generation(잃어버린 세대)이라고?

교수: 전후에 생긴 허망한 세대와 평화시에 생긴 허망한 세대는 얼굴과 허우대가 다르지.

학생: 가치의 진공 상태에서 허우적거리는 것은 마찬가지 아니겠습니까?

교수: 하긴 하나는 재즈의 열풍을 만들고 하나는 한류의 열풍을

만들어 냈으니 "불어라 열풍"이지만, 그러나 우체통 속에 쓰레기를 버리는 세대는, 수업과 살인을 동시에 실시하는 세대는, 괴담怪談스럽고 부담스러운 것이 사실 아닌가? 특히 엿사의 관점에서 본다면 말이야.

학생: 기성세대가 이상한 원조를 해주지 않으면 될 것 아닙니까?

교수: 자식 농사를 망쳤는데 무슨 돈이 있어 원조를 하리오마는, 어지럽게 돌아가는 세월의 강강수월래 속에서, 세월이 삶의 지혜가 되지 못하는 현실 속에서, 어찌 교제라고 말과 탈이 없으리요?

학생: 체념은 곧 절망이지 않습니까? 바로 보지 못하는 시력을 잃으면 세상은 동굴 속처럼 어둡지 않겠습니까?

교수: 지금이라도 쑥과 마늘을 우리의 영성한 틀니로 씹을 각오가 되어 있지 않은 한 마음의 거울에 알알이 비치는 현실은 절망적이지. 외국인들에게 자식 교육을 맡겨야만 마음이 놓이는 사회는 절망적이지. 자식을 맡길 만한 능력이 못 되는 사람들은 더욱 절망적이고. 병아리 새끼만 부화시키고 사람의 알은 부화시키지 못하는 사회는 나라를 세울 수가 없지.

학생: 너무 비판적이신 것 아닙니까?

교수: 깨진 거울이라고 하지 않던가? 아니, 맛 잃은 소금이던가?

2001. 10. 25

수원대첩

↳ 전국에 끌고 온 거대한 함대 같은 스쿨버스들이 토해 놓는 전사들을 보는 순간 다리가 안 떨릴 사람들이 없을 것입니다.

교수1: 혹시 수원대첩이라고 들어보셨습니까?

교수2: 금시초문인데요. 한산도대첩이란 소리는 들어봤어도.

교수1: 엊그저께 일어난 일이니 모르실 만도 하죠.

교수2: 수원에서 무슨 일이라도 있었습니까? 촛불들이 그곳으로 이동하기라도 했나요? 정조의 도시였으니 연속극에서와 같이 암투 정도는 벌어질 수 있겠지만, 무슨 전투나 대첩이 있었다는 소리는 못 들었던 것 같은데요.

교수1: 전국 교수테니스 대회에 1,800여 명의 선수들이 운집하지 않았겠습니까?

교수2: 가히 전쟁이었겠군요.

교수1: 성균관대학이 준비를 철저히 했더군요. 유생들의 학교인 지라 투구 대신 유건을 쓰고, 다음 전국대회를 개최할 대학들을 은근히 겁주더군요.

교수2: 그래서 겁을 먹었습니까?

교수1: 저야 겁보다는 뷔페를 먹었죠. 시장한 사람에겐 겁보다는 음식이죠. 그러나 전국방방곡곡에서 테니스 라켓을 걸쳐 메고 모여든 전사들을 보는 순간 솔직히 겁이 나더이다.

교수2: 우리 빼고는 모두 적이니 어찌 안 그렇겠습니까? 그런데 우리 숫자는 몇 명이었습니까?

교수1: 자세한 내용은 학교의 위상과 관련되는 일급비밀이기에 밝힐 수는 없지만, 이순신의 열 두 척 배에 비교될 수 있을 것입니다. 각 대학들이 끌고 온 거대 함대와도 같은 스쿨버스들이 토해놓는 전사들을 보는 순간 다리가 안 떨릴 사람이 없을 것입니다.

교수2: 그런데 어떻게 됐습니까? 힘도 못써보고 진 것 아닙니까?

교수1: 그렇게 되었다면 어찌 외람되게도 수원대첩이란 말을 쓸 수가 있겠습니까?

교수2: 그럼 드라마가 어떻게 된 것입니까?

교수1: 개인전은 8강까지, 단체전은 16강까지 진출했으니까 그만하면 일을 낸 것이고 대첩이 아닙니까? 더욱이 주변의 무관심과 싸워가면서 얻은 결과이니 어찌 감격스럽지 않겠습니까?

교수2: 좀더 더 올라갈 수도 있지 않았나요?

교수1: 우리들의 운과 실력이 거기까지인걸 어찌겠습니까? 그러나 의욕 하나만은 백두산이었습니다.

교수2: 개교 30주년에 이루어낸 의미 있는 사건일 것 같습니다.

교수1: 대학도 빈부의 격차가 눈에 띄고 극심한 양극화가 느껴지더이다.

교수2: 생존하는 것만으로 의미를 두는 대학은 곤란하죠.

교수1: 우리도 미래에 대한 청사진이 필요합니다. 경쟁자와 싸워 이길 수 있다는 자신감 말입니다.

교수2: 어등산보다도 더 믿음이 가는 그런 대학이었으면 좋겠습니다.

교수1: 학교 나이는 겨우 삼십인데도 이번에도 세 분 원로께서 은퇴하지 않습니까?

교수2: 떠나는 것이 어찌 교수만이겠습니까? 학과도 하나 둘 늦은 밤 아파트 불 꺼지듯 사라지는 것을.

교수1: 우리 삶과 피를 섞었으니 정말 이 대학이 잘되었으면 좋겠습니다. 수도권대학들의 스스로에 대한 투자는 그 자체가 감동적이었습니다.

교수2: 테니스코트 말고 다른 것도 보셨나요?

교수1: 평생 관찰하는 것에 익숙한 우리가 모두를 봐야만 알 수 있나요?

교수2: 무슨 말씀인지 알 것 같습니다. 오늘부터 장마가 시작되었다는군요.

교수1: 올 여름 테니스는 물 건너갔죠.

2008. 6. 25

애국, 애민, 애무

↯ 잣대와 줏대가 지난 십년동안 좌로 기울어 균형을
못 잡은 것도 수많은 이유 중에 하나 아닐까? 그래서
이제는 시계추처럼 좌우로 왔다 갔다 하려니까 사회가
흔들리고 골문이 두 개로 보이는 거지.

학생: 9월 위기설과 같은 괴담은 왜 생기는 것일까요?

교수: 메마른 인심의 수온이 급격히 상승하여 독한 해파리 떼가
퍼지는 것 아닌가?

학생: 그런 괴담을 너무 쉽게 믿는 것이 문제 아닐까요?

교수: 진실과 허위의 구별이 없어진 지가 오래인데, 예견된 현상
아닌가?

학생: 그래도 우리 사회가 너무 흔들리는 것 같습니다. 그것도
쉽게.

교수: 연초부터 747을 탔으니 더욱 그렇지. 대한민국 전체의 전
용기로는 좀 과분한 것 같지만. 대통령이라면 몰라도. 큰 꿈을
갖는다는 것은 거대한 용을 타고 하늘을 나는 것이라, 기류 변

화가 심할 수밖에. 그래서 걸핏하면 스스로를 테러하면서 9.11
의 악몽을 생산하는 거지.

학생: IMF 때와는 다르다 하지 않습니까?

교수: 그때는 세 개밖에 안 되는 알파벳이 우릴 괴롭혔고, 이제는
세 개밖에 안 되는 아라비아 숫자가 우리를 힘들게 하고 있으니.

학생: 하긴 눈만 뜨면 하늘로 치솟는 유가에다 수직으로 추락하
는 주가, 그래서 눈 감으면 또 가파르게 오르는 물가에 환율, 그
리고 어느새 다가서는 실감 안 나는 추석명절이니, 나라의 기체
가 어찌 안 흔들릴 수 있겠습니까?

교수: 그래도 취업 걱정은 안 되는 모양이군. 그뿐인가? 동에는
독도가, 북에는 핵이 먹구름과 번개를 치니 대왕암의 잠자리는
물론 국민들의 꿈자리가 편치 않은 것이지.

학생: 정치하는 사람들이 우리 축구선수들처럼 골을 못 넣어서
그런 것 아닙니까?

교수: 사회가 골을 넣게 해 줘야지. 심판은 공정하게 봐야지.

학생: 국민들이 방해라도 한다는 것입니까?

교수: 잣대와 줏대가 지난 십 년동안 좌로 기울어 균형을 못 잡은
것도 수많은 이유 중에 하나 아닐까? 그래서 이제는 시계추처
럼 좌우로 왔다 갔다 하려니까 사회가 흔들리고 골문이 두 개로
보이는 거지.

학생: 어찌 되었던 이제 촛불은 꺼졌지 않습니까? 조계사 절간에
있는 몇 개 빼고는.

교수: 꺼지다니? 노조와 전교조의 완력이 노동과 교육은 물론 사회 전체를 좌지左之하고 심지어 국회마저 휴업이 아니면 파업이니, 법과 무법의 위치가 뒤바뀌어 국민들은 적과 아我도 구별 못하고 자꾸만 자기 골문을 향해 자책골만 넣고 있지 않는가?

학생: 그러면 어떻게 하면 되겠습니까? 골은 안 들어가고, 옐로카드는 늘어만 가니.

교수: 방법이 있지. 삼위일체로.

학생: 그것이 뭐죠? 예선 탈락만 면할 수 있다면, 무엇이든.

교수: 다름 아닌, 애국愛國, 애민愛民, 애무愛務, 즉 삼애三愛라는 것이야. 애국은 국민이 나라를 사랑하는 것이고, 애민은 국가가 국민을 사랑하는 것이니, 이 서로에 대한 사랑이 국민과 국가 모두의 의무인 바, 모두들 애무해야 된다는 뜻이야. 그것도 적극적으로.

학생: 그런데, 왠지 애무라는 말은 좀.

교수: 뭐가 말인가? 왜 어색한데? 역시 안 해본 표가 나는구먼. 각자가 자기 할 일을 다하고 또 즐기는 것이 애무愛務, 즉 의무를 사랑하는 것인데, 뭐가 이상한가?

학생: 꼭 야野해야 문제가 해결되겠습니까?

교수: 정치인은 정치를 바르게 하고, 학생은 학업에 전념하는 것이 바로 애무일진데, 뭐가 이상하다는 것인가?

학생: 정말 모르시겠습니까? 애무하면 있지도 않은 여자 친구가 생각나는 것을.

교수: 그래서 그런 잡념부터 없애야 문제가 해결된다는 것 아닌
가? 애무하라니까. 더욱 열열하게. 책 속에 코를 박고.   2008. 7. 25

헌데 학생운동 번질사 I

↳ 지식은 고지식하게 다뤄야지. 역사의 거짓말만은
진실하게 다뤄야지.

교수: 첫날밤은 길어야 좋지만 첫 수업은 짧아야 제 맛이 나는데.

학생: 지루한 것보다 조루한 것이 낫죠. 아니 그 반대던가?

교수: 그럼 인기도 올라갈까?

학생: 바닥을 쳤으니까 뒤통수만 치시면 됩니다. 슬슬 봐가면서.

교수: 역사란 먼 길을 마라톤 하려면 처음부터 속력을 내는 것은
무리지.

학생: 이왕이면 축지법이 더 좋을 것 같습니다. 저희들의 평균 속
도를 생각하면.

교수: 강의를 건너뛰고 시험부터 보는 것은 곤란하지.

학생: 부실한 역사를 진실하게 다룬다고 뭐가 달라지겠습니까?

교수: 지식은 고지식하게 다뤄야지. 역사의 거짓말만은 진실하게
다뤄야지.

학생: 저는 역사보다는 엿사가 좋은데요.

교수: 그건 나도 마찬가지. 그럼 수요자 중심의 엿사를 강의해 볼까? 그러자면 더러 말이 거칠어질 텐데. 엿처럼 부러지거나 휘어지기도 하고.

학생: 헌데 학생운동 번질사를 다시 써보죠. 삐딱하게, 아니 번질나게.

교수: 좋아. 변질된 것을 번질시키자. 강력 바이러스처럼 서버가 다운될 때까지.

학생: 우리 민주화 운동의 핵심은 학생운동 아닙니까? 아니면 말고.

교수: 고비마다 늘 선봉에 선 것은 사실이지.

학생: 앞으로는 앞서거니 뒤서거니 해야죠. 노조에게 양보도 하고.

교수: 양보해서 후보가 되겠다는 건가, 그 언젠가를 바라보고?

학생: 후보자 이력서에 노조 경력은 필수죠.

교수: 뭐든 하나만 가지고는 안 되는 세상이구만.

학생: 운동경력이 있어야 뛰어들 수 있죠, 끼어들던가. 펼쳐진 선거 판은 우리 운동장 아닙니까?

교수: 그러려면 우선 찍혀야 할 걸. 이 시간에 단단히. 눈도장 가지고 왔나?

학생: 제 콘택트렌즈에 꾹 눌러주십시오.

교수: 강의 첫 시간에 채점이라. 386점. 365점이면 더욱 좋은데. 과한 것은 오히려 안 좋거든.

학생: 거침없이 점수를 주시면 강의평가로 보답하겠습니다.

교수: 천점 만점에 386인데, 평소 점수를 가지고 감격해 하다니 순수해서 좋아.

학생: 네?

교수: 어쩌다 엿사의 정답이 유출되지 않았는가? 학생운동의 다음 단계가 노동운동이고, 노동운동의 다음 단계는 선거운동이니, 이 다단계 사회에서 나라 전체가 비상하여 행글라이딩 하다가 2만불 고개에 추락하는 것은 아닌지?

학생: 추락해도 정규직은 끄떡 없습니다.

교수: 떨어진 낙하산이나 줍는 것도 정규직인가?

학생: 비정규직도 나는 세상을 만들어야죠. 우리 학생들 말입니다. 우리는 학업을 통해 실업과 싸웁니다.

교수: 그런데 문제는 학업을 안 통하고 실업과 싸운다는 것이지.

학생: 안 통하는 것이 아니라 내통하는 것이죠.

교수: 그 운동을 하면 못하는 것이 없구면.

학생: 세상은 우리의 운동장 아닙니까?

교수: 관객도 없는 빈 마당에서 혼자만 기록 세우면 무엇하나?

학생: 그래서 투사의 삶이 힘들다는 것 아닙니까?

교수: 그것은 감옥의 좁은 마당을 두고 하는 말이지.

학생: 운동장이 있든 없든 운동해야 삽니다. 창살 밖을 보는 것도 운동입니다.

교수: 이를 가는 것도 운동이겠구면.

학생: 이미 오래 전에 간 것을 왜 또 갈겠습니까? 운동해서 운동

권을 형성하고 눈치 보면서 운동권을 벗어나야죠.

교수: 그건 그래. 흐르는 물도 발걸음도 운동 부족이면 썩기 쉬우니까.

학생: 이래 봬도 제 발걸음은 연잎입니다. 문수는 386이고요.

교수: 그 위에 가부좌한 개구리는 부처일 테고.

학생: 여시아문하건대, 교수님께서는 오늘 첫 수업을 첫날밤처럼 끝내준다고 하지 않으셨던가요?

교수: 강의공약을 지키라는 건가, 선거공약처럼?

학생: 저희는 벌써부터 설렙니다, 신부처럼. 짧고 긴 여행을 생각하니.

교수: 그렇담 옷고름을 한번 풀어보자. 촛불을 든 일곱 처녀는 대기하고 있으렷다. 그러나 나머지는 모두 공수래공수거할 준비만 하고 있으니, 나는 어느 쪽을 바라보며 거친 숨을 쉬어야 되는가?

학생: 눈길은 함부로 줄 것이 아닙니다. 난처할 때는 나누어주시는 것이 최상입니다.

교수: 밸브처럼 아예 잠가 버리던가.

학생: 문은 잠그되 시선은 열어두시는 것이. 둘만 있을 때처럼.

교수: 좋아, 눈 뜨고 옷고름을 풀어헤치자. 마음이 보일 때까지. 지식은 고지식하게 다뤄야지. 역사의 거짓말만은 진실하게 다뤄야지.

1997. 2. 25

헌데 학생운동 번질사 II

⇗ 거저 줘도 안 가져가는 말, 안 팔리는 엿, 여기 말고
딴 동네 없다더냐?

교수: 돌아보건데, 여드름과 고름을 제대로 짤 줄 아는 놈이 몇이
나 되던가! 그렇다면 가위로 허공을 자르면서 엿판을 두들기자.
비틀린 엿사와 버림 받은 詩를 위해. 목구멍 포도청 앞에 진을
치고. 수업도 강의도 다 먹고 살자고 하는 것 아닌가?

학생: 서당은 훈장을 위해 존재하죠. 존재의 의미가 좀 뭐 하지만.

교수: 그럼 서당개는?

학생: 동물병원 같은 데 안 가는 것이 자랑이죠. 학교에만 있으니
까.

교수: 개도 서당에 있는 개는 당당한가? 그래서 너희가?

학생: 네?

교수: 어중간한 의미에 말뚝을 박았으니, 말뚝이 교수가 다 되었
구나. 양반탈을 쓴 말뚝이, 보기에 좋았더라. 다소 헷갈리기는
하지만.

학생: 그럼 말을 뚝 하시죠.

교수: 그럼 강의는? 이심전심으로?

학생: 전심이 안 되면 점심 먹고 하죠. 휴강이면 더 좋고.

교수: 추임새가 그렇게 과격하면 쓰나?

학생: 밤낮으로 운동을 하다보니.

교수: 그럼 그대들 두뇌의 퇴보는 어찌 설명해야 좋은고?

학생: 퇴보하는 것이 아니고 퇴계하는 것이죠.

교수: 이 황당한 친구를 보았나?

학생: 시냇물도 흐르고 생각도 흐르는 것이라면 뒤로 돌아가든 앞으로 가든 무엇이 다르겠습니까? 좌충우돌이 다 의미 있는 것 아닙니까?

교수: 물 위를 걸으라고 했더니 아예 떠내려 가버렸구나.

학생: 물은 흘러가도 거품은 남는데, 남는 것으로 치면 거품이 으뜸 아니겠습니까?

교수: 늦잠자고도 하품만 해대니, 잠을 깬 것이냐 아니면 부르는 것이냐? 내 말품이 점점 힘들어지는구나.

학생: 원래 진품 명품은 그렇게 만들어지는 것입니다.

교수: 골동품도 그렇게 만들어지겠지. 정말 모조품하고 구별이 안 되는구나. 자, 그럼 고개 들어 전광판을 바라보라. 숫자가 달리는 트랙을. 최종 감정가를. 부른다고 값이 아니라는 것을 증명하자. 똑똑히 보아라, 흑판과 엿판, 자, 받아 적어라, 단단한 석두에다. 메마른 못자리에다. 실험에서 성공해 본 적이 없는 한

국 역사, 제목은 일단 그렇게 가판으로 내기로 하고. 개혁이 치즈처럼 한국인의 체질에 맞지 않는 이유는 네 몫 내 몫을 착각한데다 죽음에 이르는 반복이 몸에 배었기 때문. 판에 박힌 판소리, 술집과 가라오케의 혼탁한 리듬, 오천년 역사가 자꾸 허물어지고 앞이 안 보이는 것은, 엿가락처럼 쉽게 부서지는 까닭은, 공든 탑이 바벨탑이 되는 이유는, 사람을 믿지 못하고 말을 믿지 못하고 의심조차 의심하는 우리의 풍토병 때문인 거라. 말이 있는 곳에 속임이 있고 속임이 있는 곳에 불신의 바퀴벌레가 들끓고, 분열과 붕괴가 사필귀정 하나니, 대나무처럼 꿋꿋해야 할 역사, 태백산맥의 정기가 연골화되었더라 이거지.

그래서 선생은 책을 뒤집어 엿판을 만들고 가위로 허공을 싹둑거리며 재단을 하지 않으면 안 되는가? 거저 줘도 안 가져가는 말, 안 팔리는 엿, 여기 말고 딴 동네 없다더냐?

학생: 강의실에서 청문회를 하다보니 왜 엿이 안 팔리고 말 값이 죽은 소 값이 되는지 알았습니다. 메주대가리들이 어떻게 콩의 체면을 뭉개놓는지 이 단추 같은 두 눈으로 똑똑히 목격했습니다. 무미하고 무의미한 말의 반복은 삶의 반복보다 더욱 지겹고 의미의 죽음을 가져오는 직접적인 원인이었습니다. 같은 말을 일수불퇴 하면서 중복하는 국회의원들, 교수, 학생. 대한민국은 중복증에 중독되어 결국은 장군이 아니면 멍군에게 당하게 되었죠. 선택의 여지가 없을 때는 백지를 내는 것이 옳은 것 아닙니까? 그러면 설마 교수님께서 F야 주시겠습니까? 정답이

아닌 정답을 쓸려고 물고 늘어지는 것도, 신발 벗어 엿 사먹는
것도 이제는 지겨워, 아아 나 보기가 역겨워. 그렇게 별과 점수
를 따야만 하겠습니까? 교수님께서는 반복이란 반칙을 계속하
고 가락도 장단도 없는 엿판을 두드리는데, 대한민국 구경꾼이
몇 명이나 되는지 몰라도 내 망막의 화면에는 하나도 안 보이
는데요?   1997. 3. 25

헌데 학생운동 번질사 III

⇨ 내 엿을 다 사먹지 않고서는 머리에 높은 사각모를
한 층 더 올릴 수 없으리라.

교수: 오늘도 우리의 바벨탑이 많이 올라갔겠구나. 말의 높이와
의미의 깊이는 반비례하는 법, 아 누가 이 아침 이슬한 실존적
인 불변의 공식을 감히 형질 변경할 수 있을 것인가?

그것을 바꾸자면 배움의 공식부터 두들겨 고쳐야 할 터인
데, 너희들 신세대 역시 계속 실패하고 있지 않은가? 정치군인
이 태풍처럼 사라지는가 했더니 정치학생의 새바람이 등장하고,
남북통일이 어쩌고 어용교수 어쩌고 저쩌고 진부한 데모나 되
풀이 하면서 심심하면 북쪽에 장거리 전화나 하고, 학생들의 바
벨탑도 국회의 그것 못지않게 고층인데, 낙서와 눈물로 얼룩진
벽보 같은 마음을, 나도 모르는 내 마음을 누가 알리요?

도대체 그게 뭐냐? 그것이 인생 공사란 말이냐? 쌓자마자
허물어지기만 하니 정말 탑탑하구나. 고차원을 만드나 했더니
엉뚱하게 고층만 올리고 날림공사와 준공검사를 동시에 마치

다니. 비행기와 충돌을 기다릴 필요도 없이 졸업하는 날 허물어
질 것이 뻔하거늘.

　내 엿을 다 사먹지 않고서는 머리에 높은 사각모를 한 층
더 올릴 수 없으리라.

　바벨탑이 낳은 상아탑, 말 대신 돌을 던져 만들었으면 바람
에 날리지는 않을 것을. 그래도 학생들의 바벨탑은 여의도의 그
것보다는 고질이었으면 좋겠는데. 화질만이라도. 언젠가 늙고
은퇴해서 안방에서 너희를 바라볼 때, 저 놈은 내 작품이야, 나
의 걸작이야, 마누라 등을 두들기면서, 나의 영원한 엿판을 두
들기며, 껄껄 웃어보게.

　그러면 상아탑이 바벨탑이 되고 늘 벌집같이 시끄러운 이
유는 무엇일까? 이 문제에 대한 분석은 손금처럼 복잡하게 얽
히고 갈라져 있는데, 그 중 무력한 이론 중에 하나는, 받아 적도
록, 상아탑과 바벨탑의 소요 내지 소외 현상은 지루하고 소모적
인 대학 입시와 과외 공부에 시달려온 젊음들이 대학이 부여하
는 자유란 특권에 갑작스럽게 노출되면서 면역성을 잃은 데다,
공부의 악몽에서 깨어나고자 자신의 알과 밥그릇 깨뜨리는, 새
벽에 들렸던 총소리와는 또 다른 물거품 같은 헛소리라는 것.
두 번째로, 상아탑의 바벨 현상 내지 와우 현상은 장기간 군사
독재 하에서 총든 자들에게 책든 자들이 불신검문을 당하면서
자기들의 역사적 존재 의미가 무산되는 것에 불만이 옥상까지
차오른 학생들이 총 대신 말로 자기들의 위치를 상향조정하고

자 하는 데서 오는 물의 현상이라는 사실.

역사의 입장에서 깨물어 음미해 볼 때 두 가닥이 다 맛이 달고 비슷해서 어느 것이 더 진정한 엿과 역사에 가깝다고 말하기는 어렵지만, 엿치기를 제대로 할 줄 아는 엿사가라면 날치기는 있을 수가 없는 일이지. 가장 굵은 이론의 엿가락을 토막내 그 속에 깊이 뚫린 터널 속을 내시하면, 학생들은 더 이상 지옥 같은 공부의 땅굴 속을 광부하기 싫어한다는 것을 알 수 있지.

따라서 상아탑에 얼씬거리던 학생들은 갑자기 바벨탑의 난간을 개미하고 거미하게 되지. 이렇게 볼 때 학생운동에 대한 엿사의 결론은 정치의 부재에 교육의 부도라는 악재가 겹친 데서 오는 스스로 만들어낸 딸꾹질이요, 추락이지. 딸꾹질을 자주 하다보니 미안하니까 민족이니 자주니 통일이니 하는 말들을 침에 섞어 튀겨내는데, 거짓의 기름에 튀긴 참말, 보기는 좋아도 맛은 내 엿만 못하리라.　　　　　1997. 4. 25

헌데 한국운동 번질사 Ⅳ

이제부터는 우리의 문제를 우리의 각도에서 우리의 색안경을 끼고 보셔야 된다고 생각합니다.

학생: 지금 무슨 말씀을 하시는 건지 엿인지 떡인지 술인지 물인지 도무지 장르를 알 수가 없습니다. 더욱이 어떻게 노트를 정리해야 할지 또 시험은 어떻게 나올지 입시 요강이 또 다시 바뀔 것 같고 예상이 빗나가면 또 다시 피를 보게 될 것 같은데, 끔찍이도 흘렸던 A, B, O. 정말 내키지 않았던 헌혈을 생각하면 피가 혈루할 지경입니다.

교수: 문교와 학교를 혼동하면 쓰는가?

학생: 혈액형이 AB형이라서.

교수: 그럼 혼동이 아니고 회동이구만. AB가 뭐하면 동거라고 하던가.

학생: 답을 정말 그렇게 써도 되겠습니까?

교수: 묵묵부답을 찜하는 게 나을 걸, 혈기를 누르고.

학생: 그것 보십시오. 내 발등이 몇 개나 된다고 또 도끼로 찍으

십니까?

교수: 언제 자네가 나를 믿었던가?

학생: 이제는 우리도 안정 속에 개혁을 요구하고 싶습니다. 합당하게 말입니다. 교수와 학생이 합당을 해서라도 미제국주의자들을 내쫓고 남북 대화와 통일을 추진내지 돌진해야 할 것입니다. 바람은 위보다 아래서 일어나는 것이 원칙이고 남에서 북으로 불어가야 겨울이 아닌 훈훈한 봄이 될 수 있다고 생각합니다.

어차피 통일 이후의 세계는 우리 것이니 우리에게 양도하는 것이 옳은 데도 기성 세대는 오히려 우릴 매도만 하고 있으니, 도대체 어떻게 하란 말입니까? 시험 문제는 어떻게 낼 것이며 답은 어떻게 쓰란 말입니까?

정답을 유출하는 것도 곤란하지만, 우리는 정통성이 없는 정부가 낸 시험 문제에 대한 답안도 정통성이 없기 때문에 안정 속에 개혁을 잠수함처럼 가라앉히면서 목발로 불안정하게 일어서지 않을 수 없습니다. 이제부터는 우리의 문제를 우리의 각도에서 우리의 색안경을 끼고 보셔야 된다고 생각합니다.

교수: 미술시간은 아니지만, 색깔 얘기 좀 하지. 신세대의 세 가지 색깔에 대하여. 오렌지, 빨강, 노랑. 거리의 신호등과 거의 비슷하지. 하나는 즐기고, 하나는 위험하고, 마지막은 싹수가 노란 가망 없는 색깔. 빠진 것은 청색뿐이야. 젊음 속에 청색이 빠지면 김도 빠지지. 청바지는 입었는데 젊음의 푸르름이 안 느껴진다는 거지. 상아탑이 아니라 상어탑이야. 무엇이 그대들을 한입

에 삼켜버렸을까? 수능하다 보니 무능해진 것 아닐까?

아무리 그러기로서니, 이것이 떡인지 엿인지를 모른단 말인가? 삼청교육대는 자네들 같이 청바지를 입어도 청색이 결핍된 청춘들을 보내야 되는 건데. 그래야 공부 않고 학점 딸 생각을 않는 건데. 한국 경제는 어떤지 몰라도 자식 농사는 다 버렸으니.

^{학생:} 이참에 자식 농사에 대한 재해를 선포하시죠. 어차피 수학하기는 글렀으니까.

^{교수:} 졸업도 하기 전에 교수를 가르치고 정치부터 하려고 하니 플라톤 같으면 삼청교육을 시키고 몽땅 추방시켜 버렸을 거야. 군인과 방위만 남기고. 제정신이 아니다가도 시험 때만 되면 잠깐 정신이 들기도 하는데, 학원은 물론 국가를 위해서도 위험하지. 영감은 결정적인 순간엔 안 떠오르니까. 그믐에 보름달처럼.

내가 잘못 봤단 말인가, 내가 자네들을 모른단 말인가, 나의 엿가락을? 내 가위가 못 자를 것 같은가, 이 엿 가지고 붙은 놈들아! 오, 대학생들이여, 대가리여, 나의 고객이여!　1997. 5. 25

헌데 학생운동 번질사 V

↯ 대학에 들어와 무엇 하나 제대로 배운 것이 없고 는 것은 술과 담배뿐입니다. 운동 부족은 데모로 메꾸지만, 데모가 어쨌다는 것입니까? 우리가 데모할 때 교수님들은 구경이나 하고 하품이나 했는데, 하품이 그렇게도 힘든 것인가요?

^{학생:} 교수님! 상아탑이 상어탑으로 둔갑하고 바벨탑이 되어 와우하고 삼풍하는 것은 학생들만의 책임은 아니지 않습니까? 그것 역시 엿사적으로 째려볼 필요가 있지 않을까요?

도대체 교수란 어떤 사람들입니까? 이번 학기를 걸고 감히 말씀드리는데, 자격도 없이 존경 받는 사람이 교수가 아닙니까? 교수가 학생보다도 공부를 안 하니 강의 시간에 할 말이 없어 파리채만 휘두르다가 나가지 않습니까? 물론 교수님의 역사 시간은 예외지만 말입니다.

날파리와 돌파리 중에 돌파리가 더 위험한 것 아닙니까? 우리의 교육은, 그리고 정신건강은, 돌파리들이 완전히 버려놨습니다. 우리의 순수한 마음에, 타불라 라사에, 평생 낙서만 하다가 은퇴한 교수들이 얼마나 많습니까?

교수: 설마 또 시험을 망친 것은 아니겠지?

학생: 도대체 지식이란 것이 무엇입니까? 대학에 들어와 무엇 하나 제대로 배운 것이 없고 는 것은 술과 담배뿐입니다. 운동 부족은 데모로 메꾸지만, 데모가 어쨌다는 것입니까? 우리가 데모할 때에 교수님들은 구경이나 하고 하품이나 했는데, 하품이 그렇게도 힘든 것인가요? 굼벵이가 꿈틀거리는 게 당연하지 부동자세로 누워 있어야 하겠습니까? 콩 심은 데 콩 나듯 그런 교수 밑에 그런 학생들이 나오는 것이 당연한 이치 아닙니까? 자식 농사를 탓하기 전에 토양을 짚어보는 것, 그것이야말로 상아탑에서 가꿔야 할 사고가 아닐까요?

교수: 좋아. 가려운 데를 잘 긁었어. 엉뚱한 데를 긁기는 했지만 누구 다리인지는 몰라도 제법 시원하겠구나. 농사나 인사나 만사가 아닌 것은 이미 잘 알려진 사실. 배우고 가르친다고 콩이 팥이 되지는 않더라. 콩팥이 될 리는 더더욱 만무하고.

지식이란 뭘까? 먼지가 아니더냐? 생각의 바람이 일고 상상의 광풍이 불면 눈앞에 전광판처럼 아물거리는 것이 지식이지. 학생도 교수도 바로 이 번득이는 번개 아래 모든 것을 올려놓고 제사를 지내는데, 귀신이 되기가 어디 그리 쉬운가? 돌팔이인지 날파리인지는 몰라도 교수는 상아탑이 주민등록상의 주거지인데, 여기에 살기 위해서는 끊임없이 탑돌이를 해야 하는 것이 제일 고역이라. 탑돌이를 하다 보면 꾀돌이가 되기도 하지만, 아무튼 그래야 공든 탑이 안 무너지고 임대 계약이 연장되지. 그래서 고달프기는 다 마찬가지더라. 다만, 학생들이 공부를 않으니 교수인들 어찌 공부에 신경을 쓰리오? 이미 축적된 것만으로도 충분하거늘. 힘들게 교수가 돼 가지고 촛불 같은 인생을 왜 밤새워 몸을 태우느냐 말이다. 용의 눈물이나 보다 잠들고 말지. 조그만 바가지에 태평양을 부으면 뭐할 거야? 너희가 소주잔을 더 큰 맥주잔으로 바꾸지 않는 한 지식의 황홀에 정신을 잃을 생각은 않는 게 좋을 거야.　　　1997. 6. 10

꼬고
꼬이는
사회

社會

다된민국 하여가

↬ 학점을 잘 준들 어떠하며 못 준들 어떠하리, 잘 되는 놈 잘되고 못되는 놈 못 되는 것을, 그것이 인생인 걸 나인들 어떡하리, 어차피 그럴 바에야 되는대로 퍼 주리라.

학생: 지금 다된민국이라 하셨습니까?

교수: 다되어야 바꿀 수 있을 것 아닌가? 고려가 망해야 조선을 세울 것 아닌가? 하여가를 부르면서.

학생: 엔진도 아직 멀쩡하고 바퀴도 쓸 만한데요.

교수: 굴러간다고 다 자동차더냐? 언제 고철덩이로 변할지 모르는 것을. 일백 번 고쳐죽어 넋이라고 있고 없고 할 때까지 고쳐서 타고 다닐 건가? 탄압, 회귀 운운하면서?

학생: 국민들 모두가 단심가를 부르는데, 정부는 하여가라니요?

교수: 항상 떠보는 노래로 국민을 달래는 것이 정부요, 여興가 아니더냐? 이쪽만 있고 저쪽이 없으면 어떻게 화합하느냐 말이다. 양다리가 아닌 외다리로 건너랴? 굶주린 창자에서 나오는 군가

171

같은 단심가, 북에서 들려오는 그 노래가 힘차기만 하더냐?

학생: 그럼 감히 이렇게 한 곡조 뽑아도 될까요? 공부를 한들 어떠하며 안 한들 어떠하리, 적당히 때우고 메꿔 학점만 딴들 어떠하리, 머리만 긁적이다 졸업하고 나가리라.

교수: 학점을 잘 준들 어떠하며 못 준들 어떠하리, 잘 되는 놈 잘 되고 못되는 놈 못 되는 것을, 그것이 인생인 걸 나인들 어떡하리, 어차피 그럴 바에야 되는대로 퍼 주리라.

학생: 이렇게 막나가도 되는 것입니까?

교수: 뭐가? 다된민국인데. 아군과 적군이 없어졌는데.

학생: 이왕 내친 김에 한 곡조 더 뽑을까요?

교수: 그럼 창唱하거라. 애국가는 2절도 모르면서.

학생: 학교에 간들 무얼하며 학원에 간들 무얼하리, 하나는 소용 없고 하나는 돈만 드니, 용돈마저 떨어졌는데 알바나 찾으리라.

교수: 정책을 세우면 무얼하며 대책을 발표하면 무얼하나? 내 알 바 아니라고 반대만 일삼는 걸, 나라의 백년대계를 일러 무엇하리요?

학생: 너무 깔아지는 것 아닙니까?

교수: 그러면 단심가로 심지를 돋구거라.

학생: 애써도 소용없고 떼써도 소용없어, 돌아선 마음 돌리고저 돌 지경이 되었어도, 임 향한 일편단심 문자로라도 띄우리라.

교수: 대기업 높은 문턱 홀로 걸린 저 신문고, 두들기고 두들겨도 아무리 두들겨도, 멍든 가슴 터질 때까지 두들기고 또 두들겨도,

취직향한 일편단심 변할 리가 있으랴.

학생: 저희의 심정을 알아주셔서 고맙습니다.

교수: 하여가와 단심가를 왔다 갔다 해야지. 세월이 수상할 때는.

학생: 왠지 단심가가 제 취향에 맞는데요?

교수: 말을 거꾸로 타는 것은 멋이라 하겠지만, 세월의 철퇴를 맞고 선죽교에 엎드려 선명하게 대한민국 지도 그리는 것도 네 취향에 맞을는지?

학생: 자살 아닌 타살로 죽음을 유혹하는 것은요? 2008. 9. 20

다만 한류가 부도 직전이니, 앞으로 무엇을 가지고 세계인들의 마음에 월인천강 할 것인지 고민해야 할 것입니다.

교수1: 요즘 세상이 왜 이 모양인지 모르겠습니다. 삼각형을 거꾸로 세운 것만 같으니.

교수2: 둥근 세상이 아니었던가요?

교수1: 뒹군 세상이지 이게 어디 둥근 세상이겠습니까? 월가는 내려앉고 달러는 마천루하니 돈이 흘린 진록의 피가 낭자하고 가진 자들의 비명소리가 가을 바람에 문풍지처럼 조간신문 일면을 떨게 하지 않습니까?

교수2: 돈 없는 나도 떨떠름한데 오죽 하겠습니까? 돈豚의 멱따는 소리, 언제나 리듬과 가락이 다소 부족한 것이 흠이죠.

교수1: 이거야말로 후천개벽의 시작이 아닐는지요?

교수2: 세계의 뭉칫돈과 큰 손들이 아시아로 몰려드는 것부터 수상했죠. 모두가 영문도 모른 채 망해가는 월 가에 돈과 제스처를 보내는 사이에.

교수1: 우리의 금융지식이라는 것이 겨우 채권과 복권을 구분하는 정도 밖에 더 되겠습니까? 그 놈의 키콘가 뭔가에 우리 기업들이 발길질을 당하는 것을 보면.

교수2: 그렇게 호되게 발길질을 당해야 비로소 후천개벽이 열린다는 것 아닙니까?

교수1: 잘 나갈 때는 그 하늘 문은 안 열리니 보죠?

교수2: 두 눈이 휘둥그레 먼저 열리고, 하늘 문은 그 다음이죠.

교수1: 이참에 동학을 다시 일으키는 것이 어떻겠습니까?

교수2: 서학이 다 하기라도 했나요?

교수1: 자본주의의 자본이 바닥난 데가 서양이니 주의는 해야 할 것 아니겠습니까?

교수2: 동학에서는 신용이 자본이니, 승산이 전혀 없는 것도 아니겠군요.

교수1: 밑져야 본전으로 사는 자는 언제나 복이 있습니다. 본전이 몇 푼 안 되어서 문제지만.

교수2: 그런데 그 몇 푼 안 되는 본전조차 이미 멜라민으로 다 까먹은 것 같은데. 지금부터라도 정신 차리고 백화점 선반 비우듯 마음부터 비우고 리콜 해야죠. 돈 벌 생각 말고 신용을 벌 생각으로. 신용과 믿음이 화폐 자체가 될 때까지.

교수1: 그 일이라면 한국이 중국보다 선진하지 않을는지?

교수2: 무슨 징조라도 보셨습니까?

교수1: 백의를 입고 살아온 민족이니, 조금은 깨끗하지 않겠습니까? 아무래도 홍의민족 보다야.

교수2: 하긴 신용에서 미국처럼 충격을 줬다는 소리는 못 들어본 것 같습니다만.

교수1: 갑작스레 생긴 틈새에 경착륙하는 것이 급선무일 겁니다.

교수2: 다만 한류가 부도 직전이니, 앞으로 무엇을 가지고 세계인들의 마음에 월인천강 할 것인지 고민해야 할 것입니다.

교수1: 이미 촛불로 일을 저질렀지 않습니까?

교수2: 촛불이 순수함을 잃은 것은 어떻게 하고요? 그렇게 해서 모든 것이 기위친정己位親政 할 수만 있다면야. 샘물은 좀 더 깊은 곳에서 길어야 할 것입니다. 진정 후천개벽을 꿈꾼다면.

2008. 10. 20

귀신론 鬼神論 |

↳ 언제부터 한국의 젊은이들이 귀신을 구경만 하고
제사는 지내지 않게 됐는지, 제사떡으로 뼈가 굵지 않은
신세대들이 심히 염려스럽구나.

학생: 법에는 구멍이 있는데 도덕에는 왜 구멍이 없을까요? 대한
민국 헌법은 빈자리가 많은데 대한극장은 왜 만원일까요?

교수: 너의 질문도 구멍이 있지 않느냐?

학생: 예술과 도덕은 어떤 관계입니까? 한국 예술은 분명 자식을
불에 달궈 종을 만들고 명창을 시키려고 약을 먹여 눈을 멀게
하지 않았습니까? 인륜과 도덕은 어느 때 생략하고 건너 뛸 수
있습니까?

교수: 법을 어기려면 시효를 참조하고, 죄를 지으려면 역사와 사
후를 참조하라. 큰 희생을 치른 후에 큰 초월을 범하면 그것은
이미 차원의 세계를 넘어 신비의 세계로 진입하는 것이니라.

학생: 무슨 말씀인지?

교수: 내가 가위로 허공을 자른 지가 이미 삼년을 넘었건만, 밀어

서 무너뜨린 것이 하나도 없고 세상의 위력 앞에 스스로를 허물기만 했으니, 도덕군자가 된 것이 무엇이 자랑스러울까? 구멍이라면 이것이 구멍이다.

학생: 제 질문마저도 그 구멍에 처박아 두실 겁니까?

교수: 배가 고프면 제사상에 올린 귀신의 떡을 훔쳐 먹는 것, 귀신과의 대화는 그렇게 시작하는 것이 자연스러울 것이야. 그렇게 귀신을 만나 날이 밝을 때가지 입씨름을 하고 나면 예술을 절로 알게 되나니. 역사는 물론이고.

학생: 길은 그 길 밖에는 없습니까?

교수: 내가 알고 있는 길은 대개 외길이지. 사는 것도 외길이고.

학생: 단선보다는 복선이어야 재미있고 도로 운행이 안전할 것 같은데, 혼선은 곤란하지만. 제 생각으로는 제사상에서 귀신을 만나는 것은 별로 좋은 아이디어가 아닌 것 같습니다. 귀신은 엑소시스트 같은 영화를 보면서 대형스크린에서 실감나게 만나야 저 같은 신세대는 감명을 받지 않을까, 복잡한 가슴이 오그라들면서 어떤 순수가 복받치지 않을까 생각합니다. 교수님에 대한 저의 이 작은 12.12를 사면해 주시기를 요구하면서 신세대의 자극적인 감수성과 감각을 대변했습니다.

교수: 감수성과 감각 모두 좋은데 귀신 이야기하고는 왠지 안 어울리는 말이야. 돈 주고 스크린에서 귀신을 만나면 놀라서 제자리에서 계속 도망을 칠 수 있을지 몰라도 대화나 씨름은 어려울 걸.

　　귀신을 구경하다니 조상들이 무슨 구경거리란 말이더냐? 귀신의 샅바를 잡고 실랑이를 해야 역사가 이루어지는데, 죽으면 쓰레기 소각하듯 불태워 용도 호랑이도 없는 공동묘지에 갖다 버리니, 귀신이 번번이 악마로 변해 스크린에 나타날 수밖에. 등에 찬물을 끼얹으려면 차라리 눈 감고 운전을 할 것이지 하필이면 제자리에서 땀을 쥐고 뛰어오르느냐 말이다. 언제부터 한국의 젊은이들이 귀신을 구경만 하고 제사는 지내지 않게 됐는지, 제사 떡으로 뼈가 굵지 않은 신세대들이 심히 염려스럽구나.

1997. 8. 25

귀신론 鬼神論 ||

➦ 금강산을 구경할 수가 없어 설악산으로 때우고 돌아가는 영혼들, 언젠가는 한데 불러 모아 모두가 한결같이 빛나는 마음으로 고이 잠드소서 진혼곡을 부르짖으니, 그 날이 언제인지는 몰라도 먼 길을 돌아서 오는가 보다.

학생1: 교수님! 귀신을 만나면 무슨 이야기를 하죠? 내 짝사랑이 왜 나를 웬수 취급하는지 물어봐도 될까요? 그보다도 귀신이 과연 사람과 사랑에 대해 알 수 있을까요? 산 사람도 늙으면 말이 안 통하는데?

교수: 이미 알고 있는 해답을 뭐하러 귀신에게 다시 물어보지? 밤새워 기다리다 이야기를 시켜야 겨우 몇 마디 하는 것이 귀신이야. 내가 아는 귀신은 다 그래. 햄릿의 아버지는 예외지만. "Adieu, adieu, adieu! Remember me!" 하지만 햄릿의 액션은 귀신과 사람의 합동 작전이었지. 그것이 중요한 거야. 여기 누구 귀신과 함께 일할 준비가 되어 있는 사람?

학생2: 접니다.

교수: 지금 이 순간에 귀신과 외나무 다리에서 부딪힌다면 너는 무엇을 물어 보겠느냐?

학생2: 묻기에 앞서 따져야죠.

교수: 따지다니?

학생2: 눈이 없어 사람과 부딪히냐고. 한참 죽어라 달아난 후에 큰 소리로. 그리고 말이 통할 것 같으면 물어봐야죠.

교수: 무엇을 말인가?

학생2: 통일은 과연 이루어질 것인지. 이루어진다면 어떤 식으로 이루어질 것인지, 그리고 이루어진 후에는 어떻게 될 것인지, 독일이 될 것인지 아니면 한국이 될 것인지, 만족할지 또는 실망할지, 그것이 알고 싶습니다. 가렵다면 거기가 제일 가렵습니다.

교수: 삼국도 통일이 되었는데 어찌 남북이 통일되지 않으리? 분열과 통합은 역사와 인생에서 가장 흔한 일이 아니더냐? 문제는 국경 없는 상처요, 복잡한 정신분석이지. 기대만큼 실망도 클 것이니라. 동족인 줄 알았는데 서로가 서로의 눈에 누군가의 꼭두각시처럼 보이리니, 한쪽은 빨갱이요, 한쪽은 미제인간이라. 얼싸안은 기쁨 가시기도 전에 팔에 맥이 빠질 것이니라.

　　무서운 것은 늘 흥분 뒤에 오나니, 그것이 실제요 리얼리티니라. 막상 엿가락을 잘라보면 구멍이 꽉 막힐 때가 있기 마련인데 어두운 세월을 살아온 민족에게 갑작스레 밝아온 대낮은 위험하지. 한쪽은 반응하고 한쪽은 반동하니까. 그러다 보면 어느 날 갑자기 이방인처럼 눈이 부시어 살인을 할 수도 있을 것이고, 역사가 미래라는 과거와 비슷한 궤도를 변함없이 돌다 보면 끊임없는 유성의 충돌과 소멸의 장관을 보게 되는데, 나의 엿판은 아무리 두들겨도 북소리는 장맛처럼 우러나지 않는구나. 그 비밀을 알려면 너는 천상 말 많은 귀신을 만나야 할 것이니라. 만나서도 안 되면 함께 살던가? 아니면 아예 되던가?

한국 학생운동의 역사 속에 뿌리 뻗은 귀신들, 밤만 되면 수유리나 망월동이 시끄러운데, 누구도 죽어서 저세상 소식을 전해주는 자가 없었으니, 한번 가면 영영 가버리니, 죽으면 이 세상에 대해서는 다 무심하게 되는 것인가?

세상 사람들은 그 귀신들을 불러다 가끔 특강을 들어야 하는데, 한밤중에 잠깨어 그 강의를 들을 자가 누구랴? 저승과 이승의 영원한 분단을 가위로 자르고 갈라진 마음은 엿으로 붙여 놓고 허공에는 안개의 테이프만 걸쳐 놓는다면 얼마나 신나랴? 금강산을 구경할 수 없어 설악산으로 때우고 돌아가는 영혼들, 언젠가는 한데 불러 모아 모두가 한결같이 빛나는 마음으로 고이 잠드소서 진혼곡을 부르짖으니, 그 날이 언제인지는 몰라도 먼 길을 돌아서 오는가 보다.

통일이 오는 길은 낯설은 길이니, 그 길은 닦으면서 나가는 길이니, 어찌 발걸음이 느리지 않으리요? 비행기 사고로 죽지 않는 한, 꿈에서 꿈도 못 지르고 떨어지지 않는 한, 언젠가 환히 밝아오는 날을 볼 수 있으리라. **1997. 9. 10**

통일론 ^{統一論}

오천년 역사는 묵힐 것이 아니라 끊임 없이 대를 이어 시험하고 실험해야지. 누룩과 속을 끓여야 술을 익히고 소리를 하지. 낡을수록 보약을 먹고 충전해야지. 그래야 몇 천년 끄떡없이 더 나아갈 수가 있을 것 아닌가? 산신령과 호랑이를 앞세우고.

학생: 교수님! 혹시 새벽닭이 울고 통일이 밝아오면 분단시절이 좋았어 하고 엉뚱한 추억에 잠기지는 않을까요?

교수: 아마도 복잡한 것을 싫어하는 사람들은.

학생: 남한 문제도 복잡한데 북한 문제까지 섞어 놓으면, 한약에 양약을 섞어서 조제한 것처럼 그 결과가 의심스럽지 않을까요? 분단과 통일에서 각기 야기되는 문제의 부피와 질량을 비교할 때, 통일은 한과 소원으로 남는 것이 차라리 속편하고 무리도 부담도 없는 것이 아닐는지?

물론 이산가족들은 듣지 못하는 비공개로 진행되는 수업이기에 이 같은 인기 없는 질문을 도발할 수 있다고 생각됩니다만,

매일 통일을 암기하고 염불하다 보니 그것을 소원하게 되고, 소원하다 보니 자기도 모르게 중독되고 세뇌된 것은 남북이 모두 마찬가지. 통일 밖에 모를 때 그 이후 일은 어떻게 감당하려는지. 젊은 가슴에서 왜 늙은 한숨이 나오는지 모르겠습니다.

교수: 의심하는 것은 건강한 징조야. 보이지 않는 생각의 운동이 활발하다는 증거니까. 무조건 믿는 것도 못 믿는 것만큼이나 병적일 수 있지. 그러나 지금은 믿을 때야. 첫날밤 색시가 숫처녀라면 숫처녀라고 신랑답게 믿어주는 거야. 열쇠와 현금만이 확실한 게 아니니까.

믿음이 있어야 시험도 실험도 제대로 되지. 오천년 역사는 묵힐 것이 아니라 끊임없이 대를 이어 시험하고 실험해야지. 누룩과 속을 끓여야 술을 익히고 소리를 하지. 낡을수록 보약을 먹고 충전해야지. 그래야 몇 천년 끄떡없이 더 나갈 수가 있을 것 아닌가? 산신령과 호랑이를 앞세우고.

문제가 태산泰山한 것은 걱정할 필요가 없어. 골재로 쓰면 되니까. 삶과 생존 본능은 조물주의 각본대로 이기기 마련이니까. 목표가 있는 한 문제는 있는 것이 당연하지. 문제는 사람을 분단도 시키지만 통일도 시키지. 어떻게 보면 마술사지. 뭉치게 할 수 있는 기술이 정치야. 뭉칠 수 있는 여건이 여론이고. 돈뭉치보다 사람뭉치가 제일이야. 뭉치면 산다고 했으니까. 무조건.

다 살자고 하는 일 아닌가? 큰 문제에서 힘과 에너지가 발생한다면 문제는 오히려 환영해야지. 반갑다 문제야 하는 식으로. 비디오 때문에 두뇌가 모두 퇴화해 버린 것 아냐? 머리 속에 감긴 테이프들 오늘부터 당장 뽑아서 버려버려. 요즈음 신세대들은 두뇌회전은 빨라졌는데 어찌 된 일인지 파워가 약하단 말야. 하고 다니는 폼들이 모두 약병아리 같아. 걸핏하면 골치가 아프고 노래방이라도 가야 생기가 도니.

하긴 사우나가 있으면 노래방도 있어야겠지만, 복잡한 것이라면 귀신이라도 본 듯 귀신처럼 도망가니, 골치 아픈 책을 봐야 뼈 아픈 삶을 알게 되고 중생의 골치를 해결할 수 있다는데도 골치가 안 아픈 베스트셀러만 사보니, 차라리 아파라 아파, 그렇게 계속 팔리기만 하느니. 오, 피곤한 세대여, 너의 이름은 신세대니라.

1997. 9. 25

디그 뭐라구요?

↬ 벼락은 왜 국회의사당은 놔두고 번번이 엉뚱한
곳에다 백금 말뚝을 박는 것인지. 누구는 감전돼 죽고
누구는 감질나 죽고.

교수: 오랜만에 다시 이 자리에 서 보는구나. 마치 옛동산 같구나.
감회의 실안개가 흑판에 어리누나. 그보다도 홍수에 떠내려가
지도 않고 청개구리처럼 돌아오다니 장마에 햇살처럼 반갑구
나. 방학 중에도 우리의 엿사는 진도가 많이 나갔는데, 우리는
허탈한 오늘을 무엇으로 메꿔 나갈고?

학생: 메꾸는 것도 신바람이 나야 하는데, 비바람만 신나고— 교
수님, 놀고먹는 백수 국회를 아예 침수시켜버릴 수는 없을까요?
벼락은 왜 국회의사당은 놔두고 번번이 엉뚱한 곳에다 백금 말
뚝을 박는 것인지. 누구는 감전돼 죽고 누구는 감질나 죽고.

교수: 아직 세금도 한 번 못 내본 친구가 생각이 좀 과격하구먼.
매일 놀고먹는 고충도 이해를 해줘야지. 그러지 않고서야 어찌
날로 허물어져가는 허무의 엿사를 제대로 음미할 수가 있겠느

냐? 하긴 여름 방학 내내 아르바이트 한 번 변변히 못했으니 어
찌 그런 여유가 있으리오마는, 잠겼다 떠올랐다 하는 잠수교 같
은 세상을, 땅과 물 위를 동시에 걸어 다니는 너희들의 모습이
안타깝구나.

학생: 준비된 교수님이 계시는데 무슨 걱정이 있겠습니까? 다만
가뜩이나 경제도 어려운데 시험만이라도 쉽게 내주시면 감사
하겠습니다.

교수: 금년만 고생하면 내년이면 좀 더 쉬어지고, 그 다음 2천년
대에 가서는 완전히 시험의 IMF에서 벗어날 수 있으리라. 그러
나 그러기 위해서는 지금이 무엇보다도 중요하고, 당분간은 적
어도 이번 한 학기만이라도 그대들이 협조를 해줘야 하지. 그래
야 6.25 이후 최대 국난인 이 대학의 위기를 극복할 수가 있어.
수업과 파업을 혼동해서야 되나. 가급적 등록금은 최대한도로
낮추고 대신 등록율은 최대한 높여야 하는데. 그래야만 우리가
살 수가 있으니까. 그래야만 여러분은 새로 지은 교문을 마음
놓고 자신 있게 들락거릴 수 있을 테니까.

학생: 교문에 뭔가 새겨놔야 하지 않을까요? 가능하면 훈민정음
으로.

교수: 옳은 말이야. 그런데 뭐라고 새길까? 흐르는 황룡강에 늘
내 이름을 쓴다마는, 과연 콘크리트 덩어리에다 새길 말이 무에
있을꼬? 과연 웅덩이에 가득 고인 빗물의 잉크로 가슴의 토사
를 쓸어내릴 수 있는 말이 무엇이란 말인가?

학생: 그러고 보니 A4 늑장보다 한 줄의 글이 더 어려운 것 같습니다.

교수: 한 장의 글보다 한 줄의 글이 더 어렵고, 한 줄의 글보다 한 마디의 말이 더욱 어렵나니, 나의 기사들이여, 나의 학생들이여, 그 한마디 말을 찾아 모두 말 타고 떠나거라. 그래서 너희가 찾은 성배로 하여금 병든 세상을 낫게 하라. 고통 받는 모두는 고통을 받기에 자격이 있나니, 고통을 덜어주고자 애쓰는 자도 그로 인해 면류관을 쓰리니, Dignus est accipere, 당신은 존귀와 영광을 받을 자격이 있나이다, 영웅을 에워싼 군중들의 함성이 울려 퍼지지 않는가?

학생: 디그…… 뭐라고요?

교수: 왜 갑자기 남자 목구멍에서 여자 목소리가 나오느냐? 방송이 아닌 수업 시간에? 디그누스 에스트 아치페레. 적어 두거라!

1998. 8. 25

불황과 방황

↪ 시간은 참으로 거리낌 없이 달리는구나. 천지가 현황한데 봄여가을하구나. 시간과 인간, 가깝고도 먼 것이 이들이구나.

교수: 시대는 바야흐로 불황에서 방황의 단계로 접어드는가? 결실의 계절에 알맹이는 어디 가고 쭉정이들만 잠자리처럼 펄펄 날아다니다니. 드디어 방황의 시대가 개막을 한 것일까? 대학이란 거창한 포장마차 속에 흔들리면서 별조차 보이지 않는 한밤중을 언제까지나 달릴 것인가? 시간은 참으로 거리낌없이 달리는구나. 천지가 현황한데 봄여가을하구나. 시간과 인간, 가깝고도 먼 것이 이들이구나.

학생: 혹시 무슨 일이 있으십니까? 안색이 안 좋아 보이시는데요?

교수: 불치니라.

학생: 불치요?

교수: 말기니라. 자가진단에 의하면.

학생: 암이란 말입니까?

교수: 암. 그렇지. 말세에다 말기, 한 줌 남은 혈기로 찍어보는 종생의 종지부. 암. 그러면 그렇지 말고. 불치도 불치지만 골치를 멸치내지 퇴치하기가 더 힘들구나. 난쟁이가 쏘아올린 인공위성이 도는 소리가 시끄러워 잠이 안 오고 학기가 시작했으니 다시 광야로 나갈 수도 없고, 제 삼의 팔다리에 이유도 없이 좀이 쑤시고, 오병이어도 없는 골짜기에 5천이나 모여들었으니. 산상수훈은 그만 두고라도 어디쯤 홀로 피어 있을 백합화라도 찾아야 하겠는데.

학생: 등록하기 전에 말씀을 하셔야지요. 모두가 뒤섞인 숫자처럼, 터진 만두처럼 엉망입니다. 혹시 단군 대신 에피메테우스가 우리 조상은 아닐까요?

교수: 그리스 로마 신화를 들은 효과가 처음으로 확인되는 순간 아닌가? 조상은 그렇다 치고 너희가 프로메테우스가 되면 되지 않느냐? 신의 불씨를 인간의 불씨로 만들긴 했지만, 신을 턴 도둑은 그 밖에 없었나니, 인간들의 챔피언이자 최초의 홍익인간이 아니더냐? 독수리에게 매일 간을 쪼이면서 코카서스의 빙벽에 몇 억만년 매달리면서도 미래의 승리를 장담했던 자가 바로 그 자니라. 깊어가는 시대의 어둠을 깨물면서 먼 별빛을 눈으로 들이키던 그는 불황에서 방황으로 궤도를 이탈하는 지구촌의 위기를 보고만 있지는 않으리.

학생: 도무지 무슨 말씀을 하는 건지 모르겠습니다. 말씀하실 때 여기 있었는데도 어데 나갔다 온 것만 같습니다.

 생각의 궤도 이탈 현상이 바로 그런 것이지. 점점 심해질 것이니라. 노망은 멀었어도 절망은 가깝나니, 나이와 상관없는 것이 불황이요, 공황이요, 방황이요, 절망이니라.

 교수님, 물질은 정신적 위기를 야기시키는데 왜 정신은 물질적 위기를 야기시키지 않는 겁니까?

 야기는 안 시켜도 얘기는 시키지. 결국은 그게 그거지만. 저마다 목전의 이익에서 한 발자국만 멀어질 수 있다면, 신이 부럽지 않은 것이 인간인데. 저 세상으로 이민 가고 싶은 사람들, 공항에 서 있는 사람들이 다 그런 사람인 것만 같은데, 대학이라는 대합실에서 기다리는 너희들이 정말 안쓰럽고나. 오늘따라 하늘은 왜 그리 넓고 좋은지.

1998. 9. 10

미스 오

⮫ 우리는 어쩌면 스캔들의 당사자들에게 고마워해야
돼. 스스로 살신성인하여 풍성한 눈요기로 얘깃거리로
굶주린 가슴을 포식시켜 주니까.

교수: 오양! 이리 좀 와 봐요.

오양: 안녕하세요? 그런데 오양이 뭐예요?

교수: 오양이 어째서?

오양: 좀 이상하지 않아요? 요즘 그런 사건도 있고.

교수: 이제까지 내내 오양이다가 갑자기 오양이 아니라니?

오양: 신경이 써지니까 그렇죠. 마치 내가 그 사람인 것처럼 착각
하지는 않을까.

교수: 남의 착각이야 말릴 수 있나? 그것도 자유고 즐거움인데.
똑같은 사생활의 범주이기도 하고.

오양: 그렇지만 내가 그 대상이 될 이유는 없지 않아요?

교수: 오양 사건의 본질이 뭐라고 생각해? 6.25 이후 여성들의 최
대 국난이라고 그러던데, 한국 여성을 대표하는 미스코리아 출

신이니까. 오양 역시 그렇게 생각하나?

오양: 적어도 자랑거리는 아니잖아요? 영원히 얘깃거리로 전락한 거죠. 무슨 그런 인생이 있는지? 평생 지겹게 왕따 신세가 될 텐데.

교수: 우리는 조상 대대로 남의 신방 훔쳐보는 것이 전통 아닌가? 창호지에다 침 묻혀 구멍 뚫는 재미, 모두가 우리 고유의 전통이자 미풍양속이 아니었나? 프라이버시에 대한 지나친 집착은 어쩌면 자본주의 사회에서의 개인주의적 산물일 수 있지.

오양: 그래서 호텔에 목욕탕, 화장실까지 엿보고 난리를 치는 건가요?

교수: 하지만 스타나 탤런트, 유명 인사들은 어찌 보면 공공 재산이나 다름없어. 정치가도 예외는 아니지. 그래서 그런 세계로 들어서는 순간 개인 생활은 반납을 하게 되는 거지. 이번 일을 계기로 일반 시민들은 자기 몫을 찾은 것 아닐까?

오양: 그러면 이번 일이 잘 됐다는 건가요?

교수: 적어도 모두가 어떤 시대에 살고 있는가 하는 것을 실감할 수가 있었지. 그런 면에서 대중교육의 일종이지. 한 인간이 사실은 한 인간이 아니고 얼마나 다양한 인간으로 이루어졌는가를 보여주지 않는가? 스캔들이란 인간의 이상적인 이미지에 대한 고정관념이 무너질 때 일어나는 현상이지. 그러나 인간은 원래 그런 것이다 생각하는 사람들에게는 극히 자연스런 사건일 뿐이지. 우리는 어쩌면 스캔들의 당사자들에게 고마워해야 돼.

스스로 살신성인하여 풍성한 눈요기로 얘깃거리로 굶주린 가슴을 포식시켜 주니까. 우리는 그들을 통해 몰랐던 세계를 알게 되지. 또 더러는 그들을 통해 우리도 그들과 하등 다를 바 없는 사람이라는 것을 깨닫게 되거든. 때로는 평범한 우리가 오히려 그 유명인들보다도 훨씬 인간답다는 것을 발견하게 되기도 하고.

오양: 스캔들의 주인공이 무슨 예수라도 되나요?

교수: 사람들이 있으면 예수도 있기 마련이지. 피와 살을 봐야 성이 차는 미친 군중이 있는 한 테이프는 스타의 십자가지. 어둠 속에 돌아가는 십자가. 테이프에 못 박힌 채 어지럽게 돌아가는 괴로움이 성자의 그것만 못할 것 같나? 이 세상 어느 한 구석에서 울고 있는 오양의 괴로움이 언덕 위에 매달린 자의 아픔과 뭐가 다를까?

오양: 그렇지만 그녀로 인해 수많은 여성들이 상처와 피해를 입은 것도 사실이잖아요?

교수: 우리 사회가 수치심을 잃어버린 지가 언제인데 상처는 무슨 상처? 오히려 오양을 모방하는 복제 탤런트들이 나올 거야. 감추기보다는 드러내고 싶어 하는 이브들이 줄줄이 나올 거야. 그러다보면 사람들의 관심은 시들해지고, 스캔들의 열풍도, 전염병도 저절로 사라져 버리지. 가파른 20세기의 문턱을 넘고 있는 한국 사회, 몇 번이고 재채기를 하면서 앞뒤로 넘어지는데, 이런 사건은 그 중 하나에 불과할 뿐이야. 알겠나, 오양, 아니 미스 오?

1999. 4. 25

역사는 공유할 수 있는 추억

↘ 평소에는 쳐다보지 않고, 이번에는 쳐다볼 수가
없고, 달과 인간은 이래저래 점점 멀어지나 봅니다.

교수1: 무더운 찜통 가을을 어떻게 생각하십니까?

교수2: 추수를 앞두고 우리의 강산이 겪는 마지막 진통이 아니겠
습니까?

교수1: 그런데 태풍들이 우리의 들녘을 노리고 있다지 않습니까?
일단 할퀴고 지나가면 뭔가 남기는 것이 그들의 생리인데, 날아
가버린 지붕과 비닐하우스가 눈에 선합니다. 아마도 이번 추석
에는 보름달을 잃어버릴 것만 같습니다.

교수2: 휑 뚫린 지붕을 통해 보름달을 본들 좋을 것이 무엇이겠습
니까? 평소에는 쳐다보지 않고, 이번에는 쳐다볼 수가 없고, 달
과 인간은 이래저래 점점 멀어지나 봅니다.

교수1: 햅쌀밥이나 쳐다보면 되겠죠. 곡식은 해마다 익는데 사람
은 점점 설어만 가니.

교수2: 그것 역시 대자연의 이치일 것입니다. 지나온 역사를 망원

경으로 들여다보면 무지와 어리석음도 약이 될 때가 있거든요. 세련이 지나치면 시들기 마련이고 권태의 이끼가 끼게 마련이죠.

교수1: 그러기에 자연이 더욱 필요한 것 아니겠습니까? 그 때문에 보름달이 더욱 빛나야 하지 않겠습니까?

교수2: 추석을 잃지 않은 것만이라도 다행으로 알아야죠. 우리에게 추석은 추억이지 않습니까? 어른들의 추석은 어릴 때 추석의 반복일 뿐이죠.

교수1: 요즈음 사람들은 지난 것은 무조건 죽은 것으로 생각하지 않습니까?

교수2: 다가오는 것이 너무도 많으니 뒤돌아 볼 여유가 있겠습니까? 옆눈질은 해도 뒤는 안 돌아보는 것이 신세대들입니다.

교수1: 그래도 과거가 소모품은 아니지 않습니까?

교수2: 소모품은 아니지만 골동품인 것만은 확실하죠. 모두 다 소중한 것은 알지만, 이해하는 사람은 드물고, 그것을 사고자 하는 사람은 더욱 드물죠.

교수1: 골동품 같은 과거가 있으십니까?

교수2: 국보하고도 안 바꿀 것이 있지요. 이것은 도둑맞을 염려가 없어서 좋고, 원하면 언제든지 감상할 수 있어서 더욱 좋습니다. 가슴 속 심장 박물관에 고이 모셔져 있으니까요.

교수1: 보물은 공유할 수 있어야 더욱 가치 있는 것 아니겠습니까? 공유할 수 있는 추억, 그것이 바로 역사가 아니겠습니까?

교수2: 우리의 빈곤함은 바로 여기에서 드러나는 것 같습니다. 우리 사회를 돌아보면 사람들은 각자의 보물을 저 세상까지 가지고 가는 것 같습니다. 한이란 보따리에 꽁꽁 싸서.

교수1: 세상 사람들은 모두가 작가나 학자는 아니지 않습니까?

교수2: 글이나 이미지로 바꿀 수 있어야 진정한 보물입니다. 인간의 비밀은 알고 보면 다 통하게 되어 있습니다. 문학이나 예술은 바로 이런 비밀을 공공연히 표현한 것일 뿐입니다. 비밀은 예술의 생명일 수밖에 없습니다. 비밀이 아닌 비밀, 우리 사회는 바로 이런 것을 필요로 하고 있습니다.

교수1: 비밀 속에 본질이 숨어 있겠군요.

교수2: 그러기에 비밀을 아는 자 사이에는 언제나 형식이 가식일 수밖에 없고, 신비를 가장 한 위선이 무력해지죠.

교수1: 비밀은 프라이버시를 의미하는 것인가요?

교수2: 프라이버시는 프라이버시로 남는 것이 바람직할 것입니다. 진정한 비밀은 궁극적으로 비밀이 아닐 수밖에 없는 비밀입니다. 한국인의 마음 깊은 곳에 숨은 비밀, 그것을 정확히 발견할 수 있을 때, 비로소 우리의 혼과 예술은 터를 잡았다 할 것입니다.

1999. 9. 25

모기를 위한 헌혈

⇨ 물가는 내려가는데 혈압은 오르다니 말이 되는가?
목에 걸린 청진기는 무엇에 쓰는 물건인고?

교수: 장장 두 달 동안 이산했다 상봉하니 폭우에 쓸려 내려간 방
학이 허무해 목이 메는구나. 그래 자네들은 무엇을 했는고?

학생: 이렇게 살아 있는 것만으로도 감격스럽습니다.

교수: 그러나 학교를 워커힐로 착각해서는 안 되지. 뜨거운 가슴
에 냉철한 돼지 대가리를 올려놔야지.

학생: 만원짜리를 악물고 열심히 하겠습니다. 구제역만 없게 해
주십시요.

교수: 고사는 내 전공이 아닌데, 사외 이사로서는 참여할 수 있지.

학생: 송자에 대한 풍자인가요?

교수: 송자 풍자 명자, 언어의 환경이 좋아지고 있지 않나? 일급
을 무급으로 강등시킨 뒤로. 신도시의 난개발은 곤란해도 언어
의 난개발은 적극 추진해야지.

학생: 남북을 북남으로 갈아엎어도 말입니까?

교수: 주체 사상을 주체할 수 없는 사람은 북남이라 하겠지만 주책으로 비쳐질까 두려우면 남북으로 하는 것이 보다 주체적일 거야.

학생: 앞으로 남북 관계가 잘 될까요?

교수: 김정일이 맘먹기 나름 아닌가? 맘먹기보다 밥 먹기가 급선무지만, 녹슬은 기찻길이 복원되면 아마도 겁먹기를 시작할거야. 그때부터는 맘먹기가 밥 먹기나 약 먹기보다도 훨씬 어려워질 테니까.

학생: 대북 관계가 좋아지면 질수록 왜 여야관계는 나빠지는 거죠?

교수: 언제는 좋았던가? 다 마음의 땅덩어리가 좁기 때문이지. 고질적인 불신과 오해가 분단을 낳게 되고, 그러기 때문에 여야관계란 잘해야 동서 관계밖에 될 수 없는 거야.

학생: 기차가 부산에서 출발하여 판문점 지나고 평양 거쳐 만주나 유럽까지 갈 수 있다는 것이 꿈만 같습니다.

교수: 화물 대신 신부를 싣고 가면 더욱 근사하겠지.

학생: 여학생 하나 소개시켜 주십시오. 그 때를 위해. 데이트는 둘도 셋도 좋은데 외국어는 왜 하나도 어려운 걸까요?

교수: 필요가 없는 것은 많아도 부담이 없지만 필요한 것은 하나라도 부담스럽지. 대망의 실크로드는 철로만 가지고 뚫리는 것이 아니니 그 길을 갈려면 낙타 등에 사전부터 실어야 할거야.

학생: 아예 화물차 한 칸에 외국어 학원을 차리죠. 달리면서 배우

게. 전라도에서 이스탄불까지 가려면 적어도 한두 주는 걸리지 않겠습니까?

교수: 쉽게 얻는 것은 쉽게 잃어버리지. 목적지에 내리자마자 기억은 택시를 타고 사라질 거야. 그때 가서 비지땀을 흘리지 않으려면 에어컨 없는 호남대학에서 땀샘을 활짝 열어 놓고 배워야 할거야.

학생: 그래도 저는 열전보다는 냉전이 좋은데요.

교수: 전공의들처럼 고집이 세구면. 부도난 병원에 도중하차한 의사들. 저들은 아프면 어디로 갈려는고? 갈 데까지 가면 길이 나오겠지 하는 생각을 이해 못하는 바는 아니지만, 독감처럼 지독한 아집은 빨리 버리는 것이 좋을 거야, 폐렴으로 번지기 전에.

학생: 의사들이야말로 환자가 아닐까요?

교수: 자신의 힘으로는 못 고치는 욕심의 말라리아를 앓고 있어. 이런 전염병을 계속 방치하면 사회 전체가 위험하지. 끊임 없이 윙윙거리며 무는 모기, 언제까지나 소리 없이 헌혈만 할 것인가? 병든 의사를 치료할 사람은 건강한 시민밖에 없어. 곧 처방을 만방에 선포해야 할 것이야. 머리띠를 동여맨 의약 양자가 모두 으악 하면서 지난날을 토하고 싶어 할거야. 물가는 내려가는데 혈압은 오르다니 말이 되는가? 목에 걸린 청진기는 무엇에 쓰는 물건인고?

2000. 8. 25

서서히 흥분이 식어갈 때

↬ 낙엽이 진다고 나무가 죽은 것은 아니지 않습니까? 인생을 낙엽으로 보지 않는 한, 반드시 지는 게임은 아닐 것입니다.

교수1: 낙엽을 보면 태우고 싶습니까 아니면 그 위를 걷고 싶습니까?

교수2: 태우고 싶습니다.

교수1: 왜 태우고 싶은가요?

교수2: 한줄기 매운 연기가 되어 사닥다리도 없이 하늘로 올라가고 싶으니까요. 옆에 있는 사람들의 눈을 시큰거리게 하면서.

교수1: 노벨상 수상의 흥분이 얼마나 오래 갈 것 같습니까?

교수2: 공짜 점심보다는 오래 가겠지요. 그러나 내장산 단풍이 지고 서리가 내리기 시작하면 그때는 완전히 식고 말겠지요.

교수1: 그때는 상만 남고 평화는 없어지나요?

교수2: 어쩌면 그게 정상이죠.

교수1: 그러면 경제가 야당 노릇을 하게 되겠군요?

교수2: 찬물은 그쪽을 틀면 나오죠. 당분간. 찬물경제의 시대가 올 것 같습니다.

교수1: 민심이 수상하지 않습니까? IMF로 시작해 IMF로 끝나는 것은 아닌지?

교수2: IMF는 삼팔선을 그어서라도 막아야겠지요.

교수1: 그보다 빈부의 격차가 문제 아니겠습니까?

교수2: 오존 구멍처럼 점점 커지는 것을 틀어막기가 쉽지는 않겠지요.

교수1: 주식은 점점 내려가는데, 팔아야 합니까 아니면 사야 합니까?

교수2: 허생이라면 벌써 변부자에게 달려갔을 것입니다.

교수1: 무슨 주식이 좋을까요?

교수2: 한반도에서는 반도체 만한 것이 있겠습니까?

교수1: 또 기름 파동에 미끄러지는 것 아닐까요?

교수2: 미꾸라지라면 미끄러지는 것을 두려워하지는 않겠지요. 원래 주식시장이라는 것이 진흙밭에다 기름을 뒤섞어 놓은 것 아니겠습니까? 허리힘만 좋으면 무엇이든 뚫고 어디든지 빠져 나갈 수 있으니까요.

교수1: 아무리 허리힘이 좋아도 냄비 속 두부 한 모를 못 빠져나가는 것이 미꾸라지 아닙니까?

교수2: 가급적 끓는 물엔 뛰어들지 말아야죠. 그러니까 주식시장이 싸늘하게 식었을 때 뛰어들라는 것이죠. 인권 대신 증권을 외치며.

교수1: 증권은 도박 아닌가요?

교수2: 사는 것도 도박이죠. 아슬아슬하기는 마찬가지니까요. 도박으로 보면 세상 모든 것이 도박이죠. 우선 남과 북이 가장 큰 도박을 벌이고 있지 않습니까? 거기다 미국까지 가세하고 있고. 우리 같은 국민들은 칩이요 판돈이죠.

교수1: 발전이나 변화는 도박에서 자유스러울 수는 없나요?

교수2: 그것은 아마도 영원한 인간의 숙제일 것입니다.

교수1: 어차피 인생은 지는 게임이 아니겠습니까?

교수2: 낙엽이 진다고 나무가 죽은 것은 아니지 않습니까? 인생을 낙엽으로 보지 않는 한, 반드시 지는 게임은 아닐 것입니다.

교수1: 인생사 흥분할 것도 서러워할 것도 아니군요.

교수2: 적어도 가을은 그렇게 말할 것입니다.   2000. 10. 25

내 고장 빛고을

➽ 오늘의 양동시장이 광주시입니다. 목표도 대책도 없이 하루하루를 힘들게 버티고만 있으니, 돈 주고 살 수도 팔 수도 없는 세월을 쪼그리고 앉아 매일 소매만 하고 있으니.

교수1: 단풍 구경이 좋으셨습니까?

교수2: 단풍을 구경하다 낙엽이 되어 밟힐 뻔했습니다. 햇살에 단풍 타오르는 냄새 대신 돼지고기 굽는 냄새에 숨이 막혀 방독면이라도 있으면 사고 싶었습니다.

교수1: 다 사람 사는 모습이 아니겠습니까?

교수2: 그러나 단풍은 언제나 단풍이지 않습니까? 사람도 그렇게 곱게 늙어갈 수는 없습니까? 씨만 가득한 해바라기 얼굴들, 표정은 생각나지도 않습니다.

교수1: 사람 많은 것이야 해운대 해수욕장 인파가 내장산으로 밀려왔나보다 생각했습니다만 단풍은 사람이 봐주나 안 봐주나 홀로 곱게만 피더군요. 노을을 머금은 단풍을 바라보며 마시는 한 잔 술이 너무도 좋았습니다.

교수2: 술을 마신 지가 언제인지도 모르겠습니다.

교수1: 며칠 후 사은회날에 한 잔 하시죠.

교수2: 하루 빨리 늙더라도 훌쩍 건너뛰고 싶은 날이 그 날입니다.

교수1: 학생들이 섭섭하게 하던가요?

교수2: 주는 잔을 다 마셔도 흡족하지 않은 날이 그 날입니다. 단풍진 내 모습이 너무 한심해요. "Optima dies… prima fugit"라고 말해야 하나. 버질의 말처럼 가장 좋은 시절은 제일 먼저 달아나니까. 아니면 헨리 제임스의 카사시마 공주처럼 "I don't want to teach, I want to learn"이라고 말해야 하나.

교수1: 앞으로 나갈수록 뒤를 자주 돌아보는 것이 우리 인생이 아니겠습니까?

교수2: 현실에 없는 것이 거기에 있기 때문이죠.

교수1: 젊음은 연금처럼 점점 바닥이 나고. 그나저나 경제가 심상치 않습니다.

교수2: 없는 자들에게 힘든 계절이 다가오는군요. IMF 때만큼이나 춥지 않을는지?

교수1: 최악의 경우, 서울역 지하철이 있지 않습니까?

교수2: 광주는 노숙할 지하철조차도 없죠.

교수1: 대신 광주는 빛이 있지 않습니까? 적어도 빛고을이 아닙니까?

교수2: 맞습니다. 빛고을이죠. 전생에 얼마나 많은 빚을 졌길래

빚고을이라 불렀겠습니까?

교수1: 이러다가 인권과 채권이 충돌하는 제2의 광주항쟁이 일어나진 않을까요?

교수2: 은행에 짓밟히면 할 말도 없죠. 채권자의 탱크와 장갑차는 모르면 몰라도 더욱 잔혹할 것입니다. 상대방이 싸울 명분마저 짓밟으니까.

교수1: 그러면 어떻게 하면 될까요? 창가의 국화는 점점 시들어가는데, 불어오는 찬바람을 어떻게 할까요? 병풍산더러 바람막이를 부탁할 수는 없지 않습니까? 무등산은 예나 지금이나 말없이 바라만 볼 것이고.

교수2: 광주가 빚고을이라지만 사실은 무지하고 한심한 빚고을입니다. 도시에서 군대를 철수시키면 그보다 더 좋은 것으로 채워야 하건만 상무지구를 보십시오. 들어선 것은 덕지덕지 붙은 콘크리트 아파트밖에 없으니 이것이 무지의 소산이 아니고 무엇입니까? 예향의 상상력이 고작 이것이었습니까?

광주는 정말 소각해야 할 것들이 많습니다. 그런데도 소각장은 가동조차 못하니 한심하죠. 지하철은 더 한심해요. 저렇게 오랫동안 땅을 파고 돈을 묻어야 하겠습니까? 이 도시에 비전이 있습니까? 앞으로 무엇을 해서 먹고살겠다는 것입니까? 오늘의 양동시장이 광주시입니다. 목표도 대책도 없이 하루하루 힘들게 버티고만 있으니, 돈 주고 살 수도 팔 수도 없는 세월을 쪼그리고 앉아 매일매일 소매만 하고 있으니.

2000. 11. 10

관자탄식 ^{觀者歎息}

↯ 또다시 불어 닥칠지도 모르는 IMF의 찬바람에선
형광등도 촛불입니다.

교수1: 한국의 미래가 불 꺼진 복도 같습니다.

교수2: 노벨상의 희미한 형광등이 있지 않습니까?

교수1: 또다시 불어 닥칠지도 모르는 IMF의 찬바람 앞에선 형광
등도 촛불입니다.

교수2: 원래부터 우리는 동방의 촛불 아닌가요? 그렇 타골 그것
이 대통령 탓만은 아니지 않습니까?

교수1: 잔뜩 기대를 부풀려 놓은 죄가 크지 않습니까?

교수2: 일류 국가의 꿈을 접어야 할까요?

교수1: 교육이 부재하는 나라가 제대로 될 수 있습니까? 선생도
학생도 부모도 모두 목전의 현실에만 수세미처럼 줄줄 대롱대
롱 매달리는 나라가 무슨 비전이 있겠습니까? 무엇인가 죽어가
고 있어요, 이미 죽었던가.

교수2: 정말 무엇이 문제입니까?

교수1: 이상李箱의 이상한 말처럼 뭘 모르는 안일한 세상이 문제지요.

교수2: 안일한 세상이라면?

교수1: 겉으로 그럴 듯 하나 내면적으로 황폐한 사회 말입니다. 우리 사회는 자식 농사를 망친 흉가처럼 답답한 꼴이 되어가고 있습니다. 효도도 애국심도 문화도 논두렁 우렁처럼 다 어디로 가버리고, 말도 사고도 매너도 천박한 기운이 흘러넘치고 있습니다.

교수2: 그런 것을 신문화新文化라고 하지 않습니까?

교수1: 물질주의가 끝도 없이 상한가를 기록하는 것이 신문화인가요?

교수2: 어쩌겠습니까? 올라가고 내려가는 것을 누가 막을 수 있단 말입니까? 문화의 주가는 조작이 가능한 것이 아니지 않습니까?

교수1: 정치인들의 무능과 무기력이 답답하기만 합니다. 부패한 사회가 부패한 양심을 양산하게 되니, 누가 누구를 원망하겠습니까?

교수2: 갑자기 지뢰밭을 걷는 것 같군요.

교수1: 내 심장은 진즉부터 시한폭탄입니다.

교수2: 그러나 정말 우리 사회가 부패하고 타락했다면, 이 사회가 벌써 무너지지 않았겠습니까? 생존 본능이 다시 도덕성을 회복시키지 않겠습니까?

교수1: 참담한 고생을 겪은 후에 말입니까? 조선 말기의 무능이 일제의 강점과 오늘날의 분단으로 이어지고 있지 않습니까?

교수2: 우리도 혹시 백년이 걸릴지 모르는 고통을 준비하고 있는 것은 아닐까요?

교수1: 교육이 무너지고 있으니, 미래의 세대가 제 앞길을 제대로 헤쳐나갈 수 있겠습니까? 우리의 미래도 언젠가는 잘나가던 벤처기업과 흡사할 것입니다. 로비와 비리와 추락의 파노라마가, 그 연속극이……

교수2: 사태를 너무 비관적으로 보는 것 아닐까요?

교수1: 그것이 나의 전공인 걸 어쩌겠습니까? 내가 아는 것이라고는 이것밖에 없습니다.

2000. 11. 25

신일동장유가 新日東壯遊歌

➥ 그러면 삼일절 만세삼창으로 가슴을 덥힌 후 비장한
긴 칼 한 곡조를 뽑으시지요.

교수: 엊그제 겨울지나 새봄이 돌아오니 녹양방초가 세우 중에
푸르르고 천지만물 조화신공이 물물마다 헌사롭구나.

학생: 말씀을 들으니 남원의 이도령이 광한루에 오른 것 같습니다.

교수: 과연 그렇더냐. 모처럼 상춘을 하면서 한 곡조 뽑아본 것인
데 어울리느냐.

학생: 상춘곡이 적이 좋습니다만, 태평가이면 더욱 좋겠습니다.

교수: 네 생각이 아직 어리구나. 실직자나 노동자들이 지천인데
태평가를 부를 수야 있겠느냐? 차라리 군가라면 몰라도. 유행
이 더러 지난 감이 없지 않지만.

학생: 돌고 도는 것이 유행인데 어찌 지난 것을 걱정하십니까? 지
금 일본열도는 복고풍이 불어 군가가 인기차트 1위를 차지하게
될 날이 점쳐지고 있습니다.

교수: 그러면 그것은 군가가 아니라고 하겠지. 늘 역사를 엿사로

개조하는 나라가 일본이니까. 그러나 우리는 군가보다 차원이 높은 만세삼창이 있느니라.

학생: 그러면 삼일절 만세삼창으로 가슴을 덥힌 후 비장한 긴 칼 한 곡조를 뽑으시지요.

교수: 그렇다면 감기에 열 오른 목소리로 흘러간 파노라마의 역사를 잠시 음미하면서, 현대판 일동장유가를 시험할까 하노라.

학생: 시의 적절한 아이디어로 이미 만시지탄한 감마저 없지 않습니다.

교수: 그러면 내가 선창하면 따라 부르겠느냐?

학생: 신세대의 역사의식을 의심하십니까?

교수: 일동장유가는 삼일절 만세삼창하고는 조금 다르니까 하는 말 아니냐?

학생: 어떻게 다른데요?

교수: 오른쪽으로만 가는 자들을 왼쪽으로 또는 중앙으로도 가게 만들어야 하니까.

학생: 자꾸만 후진해서 우측으로 가느니 차라리 빙점으로 돌아가게 하는 것은 어떨까요?

교수: 일본인들의 우행을 차단하려면 총대로 변한 펜대부터 바로 잡아야지. 그런데 글씨가 워낙 히라가나해서 그들의 꼬부라진 말꼬리와 다도해적인 아리송한 태도는 정말 도가 아니고서는 상대하기가 어렵나니…… 그러나 닳고 닳은 깨진 목소리나마 바다 멀리 던지련다.

관백이 죽은 지가 어언간 몇 해이뇨

반세기가 넘었는가 대동아 깃발 잠든 지가

소활한 이내 몸이 공명에 뜻이 없어

어등산 자락 속에 속절없이 늙는 중에

개나리 눈부신 어느 봄날 통신사 명을 받아

장풍에 돛을 달아 법성포를 멀리하고

완도 고금도 지나 부산포 오륙도

갈매기 따라오는 뱃머리 뒤로 하고

마침내 왜곡의 나라 왜국으로 건너가니

대마도 상공에 높이 뜬 구름 한 점

거친 해풍에도 움직이지 않는 것이

면암의 한맺힌 원혼이런가 고개 들어 우러를 때

가슴에 모신 사명감이 더욱 더 무거웁다

날조된 교과서를 모두 모두 거두어서

히로시마 나가사키 불꽃놀이 하고 지고

사명대사 괴력 빌어 우익 단체 잡아다가

코 없는 원혼 앞에 손 없을 때까지 빌게 하고

처자 일랑 강제징용에 정신대로 보냈다가

그런 일 없었다고 허망한 꼴 보게 하고……

학생: 수업 시간 다 됐는데요.

교수: 아직 월드컵 얘기가 남았는데.

학생: 일본의 예선탈락 말씀인가요?

교수: 경기를 코앞에 두고 인간 구제역이 발생하는 것 말야. 지금은 입이 성치 않지만 그때는 발까지 못쓰게 되지. 언젠가 저들 교과서에 실릴 거야.

2001. 3. 10

부자의 일생

↯ 저승은 아마 소떼도 생떼도 통하지 않을 걸요.
휴전선도 금강산도 없으니까요.

교수1: 봄날이 좋군요. 황금 십만 냥을 온누리에 녹여 놓은 것 같
지 않습니까?

교수2: 지난 겨울 쌓인 백금은 다 어디로 갔는지?

교수1: 그러게 말입니다. 해마다 피는 꽃은 늙을 줄 모르는데 그
걸 보는 사람은 주름 주름 늙어가니. 불어오는 봄바람이 포근하
면서도 원망스럽군요.

교수2: 해마다 피는 꽃은 같으나 그 꽃을 바라보는 이는 같지 않
으니. 내년에도 저 꽃들을 바라볼 수 있을는지?

교수1: 지금 연세가 불혹을 지나 지천명이시던가요?

교수2: 지천명은요? 오십에야 겨우 세상을 잘못 살아온 것을 깨
달았을 뿐인걸요.

교수1: 나도 그런 생각을 하고 있던 참이었습니다. 도대체 우리의
삶은 무엇이 잘못되었을까요?

교수2: 두보杜甫던가요?

　"그윽한 눈길로 노래하며 그대 바라보나니 그대 눈 속의 나는 이미 늙었노라."

교수1: 엊그제 떠난 왕회장도 한때는 홍안의 소년이더니만, 지금은 문상객들이 놓고 간 국화 향기도 맡을 수가 없으니 허망한 것이 봄날이요 인생인 것만 같습니다.

교수2: 평생을 밀어붙이면서 살았던 그가 저승의 문도 밀어 쳤는지 궁금하군요.

교수1: 죽음의 시커먼 파도는 유조선을 가라앉혀 가지고는 못 막죠. 서산 바다를 메꿀 수는 있어도 서산에 지는 해는 붙잡을 수 없었듯이.

교수2: 혹시 그곳에 가서 새로운 공법 하나 개발하지 않을까요?

교수1: 저승은 아마 소떼도 생떼도 통하지 않을 걸요. 휴전선도 금강산도 없으니까요.

교수2: 나는 이번 조문행렬이 산불처럼 전국적으로 번지는 것을 보고 놀랬습니다.

교수1: 예사로운 부자의 죽음이 아니지 않습니까?

교수2: 형제도 많고 아들도 많고 싸움도 돈도 많았는데 부족함이 없는 자의 죽음이 무엇이 그리도 아쉽단 말입니까? 우리 사회의 고질적인 물질주의가 감상주의의 봄바람을 타고 구제역처럼 확산된 것 아닙니까?

교수1: 부자 얘기가 나올 때면 허생이 생각나는 것은 무슨 연유일까요?

교수2: 아, 한국 최초의 자본주의자 말입니까? 장안의 변부자에게 급전을 얻어 매점매석으로 돈을 쓸어 모았던 그이 말입니까? 지금 안성과 제주에 그의 비석이 있는지 모르겠습니다. 남산골에 있는 그의 집은 벌써 헐렸을 테고.

교수1: 허생과 정주영을 비교한다면 어떻습니까?

교수2: 둘 다 돈을 벌 줄도 알고 쓸 줄도 알았죠. 그러나 아무래도 허생이 한 수 위일 것만 같습니다. 정주영은 허생과 달리 돈을 아낄 줄만 알고 버릴 줄은 몰랐으니까.

교수1: 금강산 사업한답시고 동해에 몽땅 쏟아 부었지 않습니까?

교수2: 버린 것과 잃은 것은 다르지 않을까요? 허생은 지나친 돈을 화근으로 생각했습니다. 나는 일찍이 고인이 돈을 화근으로 생각했다는 말을 들어보지 못했습니다. 항상 모자라 은행에 손을 내밀기는 했어도.

교수1: 그를 존경하는 백성들이 들으면 섭섭할지 모르겠군요.

교수2: 그의 직설과 우리의 독설이 어울릴 뿐인데 섭섭할 일이 무엇입니까?

교수1: 하늘을 나는 새가 부럽지 어찌 부자가 부럽겠습니까?

교수2: 오늘도 작은 바늘구멍 속으로 낙타의 행렬이 길게 늘어서 있군요.

2001. 3. 25

언론 독재

"신문을 읽지 않는 자는 복이 있나니, 저들이 자연을 바로 보게 될 것이다." – 헨리 데이비드 소로

교수1: 이거 어떻게 된 겁니까?

교수2: 뭐가 말입니까?

교수1: 신문고시가 고등고시보다 더 어려우니 하는 말 아닙니까?

교수2: 언론이 아니라 얼론예요.

교수1: 얼론이라니요?

교수2: 얼이 빠졌으니까.

교수1: 빠지다니요? 오히려 이상한 얼을 내세워 버티고 있지 않습니까? 벼랑 끝 낙락장송이라도 되는 듯이.

교수2: 그러니까 얼얼하다는 것 아닙니까? 누가 누구를 탄압하는 것인지? 도대체 누가 맞고 틀린 것인지?

교수1: 그들로선 정답을 없애버리는 것이 정답 아니겠습니까?

교수2: 두 개의 정답을 만들어내는 것도 정답이고. 헷갈리게.

교수1: 도대체 시험은 누가 치르는 것입니까? 언론인가요, 정부인

가요, 아니면 국민인가요?

교수2: 구경꾼에 불과한 국민들만 홍역 같은 시험을 치르죠. 얼굴에 붉은 반점을 찍으면서.

교수1: 과거는 과거로 끝난 줄 알았는데. 그때나 지금이나 천지현황이 그대로라니.

교수2: 그러니까 북한에도 없는 모범 시험 일꾼으로, 아니 시험 영웅으로 전 국민이 변해가고 있는 것 아닙니까?

교수1: 이게 다 일류 아니면 못 사는 이류, 삼류들의 고질적인 한국병 아니겠습니까?

교수2: 한국인이 가장 취약한 병이죠. 그런 병자들이 가는 곳이 서울대학이고. 그놈의 일류병 때문에 이류와 삼류가 생기고, 고삼과 부모가 밤잠을 설치고.

교수1: 시도 때도 없이 불어오는 황사는 온 국토를 황무지로 만들고. 언론의 악취는 썩은 말들의 비린내를 풍기며 하늘을 찌르고. 그런데도 얼빠진 신문이 만들어낸 얼빠진 자들은 생기가 넘치니. 과연 사진처럼 행복한 것인지?

교수2: 잔인해야 할 때는 잔인해야 무슨 일이 되는데. 겨울이 겨울 같지 않으면 잠복했던 해충들이 나중에 람보가 되어 나타나죠.

교수1: 봄 같은 겨울을 찬양하는 자들, 궤변으로 하루하루를 꿰매면서 버티는 자들이 오늘의 언론이 아니겠습니까? 언론 탄압 운운하면서.

교수2: 시대가 거꾸로 바뀌었다니까요. 정부는 어차피 잔인한 달에 좀더 잔인할 필요가 있어요. 언론이 정부를 탄압하다니 언제까지 탄압의 자유를 보장한단 말입니까? 무능한 정부보다 차라리 잔인한 정부를 택하고 싶어지다니, 기막힌 현실 아닙니까?

교수1: 긴 겨울 동안 구조조정을 마치고 새봄을 맞았으면 얼마나 좋았겠습니까?

교수2: 그랬더라면 많은 것들이 지난겨울 흰 눈처럼 사라졌겠지요.

교수1: 앞으로 우리 사회는 어떻게 될까요? 구세대는 부패하고 신세대는 삐뚤어지고, 언론들은 시비를 분별하지 못하고 오히려 부추기고 물을 흐리니. 그렇다고 전 국민들이 사시사철 스스로 알아서 자습하고 독학할 수도 없고.

교수2: 정규 교육은 학원이 맡고, 예절 교육은 백화점이 책임지겠죠.

교수1: 공손하게 허리 굽혀 절하는 아가씨, 퇴근 후에도 여전히 공손하고 예의 바를까요?

교수2: 계단으로 올라가야 할 것입니다. 사천만이 모두 한 엘리베이터에 탈 수는 없을 테니까. 각자 땀을 흘리면서 옥상에 오를 때 비로소 진실이 보일 것입니다. 정부가 언론을 탄압하는지, 언론이 정부를 탄압하는지.

2001. 4. 25

하늘 天 갈 之

↯ 하늘이 지금 삐딱하게 갈 지 자로 가고 있지
않습니까? 조물주가 몇 날 몇 일을 졸음 운전을 하고
있지 않습니까?

교수1: 하늘 天 갈 之…

교수2: 하늘 천 따 지이지 갈 지라니요?

교수1: 따지는 겁니까?

교수2: 중앙선을 침범하기에 드리는 말씀 아닙니까?

교수1: 하늘이 지금 삐딱하게 갈 지 자로 가고 있지 않습니까? 조
물주가 몇 날 몇 일을 졸음 운전을 하고 있지 않습니까? 농사철
에 비는 내리지 않고. 브레이크를 밟지 않고 우주를 운행하다니
요?

교수2: 가뭄에 비틀거리는 사람들, 갈 지 자로 갈라지는 논바닥들,
비 올 때까지는 하늘 천 갈 지가 맞는 것도 같습니다. 내 川 멈
출 止던가?

교수1: 계속되는 하늘의 침묵이 섬뜩하기만 합니다. 천둥소리 마

른기침 소리라도 들려줬으면.

교수2: 언제부터 하늘과 인간이 서먹하게 갈라서서 서로 제 갈 길을 가게 되었을까요?

교수1: 그야 인간이 신과 맞먹으려고 한 때부터 아니겠습니까? 천지현황을 바로 살핀 뒤에 인간이 먼저 화해를 청해야 할 것입니다. 슬그머니.

교수2: 겁 없는 인간들이 한심하군요. 언젠가는 물 밖에 나온 금붕어처럼 유리 같은 눈을 뒤집고 아가미를 벌린 채 헐떡거리는 날이 올 것입니다.

교수1: 아, 지느러미를 접은 채 바다에라도 가고 싶군요.

교수2: 내가 던진 낚싯줄을 붙들고 살려달라고 애원할까요? 하늘은 땅에서나 바다에서나 마찬가지일 것입니다. 바다는 갈라진 곳은 없지만 메말라 갈라진 땅보다도 더 숨이 막히죠. 아아 난 산호가 되기는 싫습니다. 타오르는 논바닥에 미꾸라지가 되어 펄펄 끓는 전골이 되어 꿈틀거리는 편이 차라리 낫습니다.

교수1: 민심만 있고 천심이 없어서야. 허리에 힘이 남았을 때는 그래도 행복하다 할 것입니다.

교수2: 민심은 떠났는데 갈 곳이 없군요.

교수1: 없다니요? 한나라가 있지 않습니까?

교수2: 새천년에 가기가 좀 쑥스러운 곳이 아닙니까? 용심用心을 차마 그렇게 할 수는 없지 않습니까?

교수1: 절망과 좌절로 말라붙은 논바닥에 원망과 분노는 대체 작목일 수밖에 없습니다. 농부들은 물이 없어 파업하고 노동자들은 일이 넘쳐 파업하고. 모두가 정말 가물었습니다. 마음이 가물었습니다.

교수2: 맞습니다. 마음이 벌써부터 흉년입니다.

교수1: 도대체 무엇이 문제일까요?

교수2: 망망대해 푸른 하늘에 던진 빈 낚시 같은 질문이군요.

교수1: 대어는 기대하지도 않았습니다. 노코멘트가 정답일 것입니다.

교수2: 어쩌다 2승 1패 하고도 사강에 들지 못하는 나라가 되었을까요?

교수1: 요즈음 들어 왜인들의 키가 부쩍 커보이지 않습니까? 축구도 목소리도. 반면 우리의 평균 신장은 점점 작아지고. 사기야 말해서 무엇하리요.

교수2: 사기가 시들하니 오기가 왕성한 것 아닙니까?

교수1: 사기와 오기, 반만년 역사를 그것으로 버텨오지 않았겠습니까?

교수2: 그런데 그 한쪽 축이 무너지고 있다는 거죠.

교수1: 어제 오늘의 일이 아니지 않습니까? 가뭄이 그렇듯이. 극심한 가뭄일수록 극심한 장마를 생각해야 할 것입니다. 메말라 땅이 갈라져 그 속이 훤히 보일지라도, 노아의 홍수가 쏟아져 아라아트와 어등산이 잠길지라도, 나 엿사가는 적어도 그렇게 생각하는 바입네다. 2001. 6. 10

신엿사사전

⇨ 김일성: "인과응보에 예외를 만들어 신의 섭리를
의심하게 만든 자."
김정일: "불러도 대답 없는 이름."

교수1: 축하합니다. 책을 내셨다고요?

교수2: 시원합니다. 사이다로 목욕하는 기분입니다.

교수1: 신엿사사전이라지요?

교수2: 작명에 신경을 좀 썼죠.

교수1: 무슨 뜻입니까?

교수2: 신엿사 말입니까?

교수1: 아니면 쉰엿사였던가요?

교수2: 신엿사란 감히 말씀드리건데 멋있을 신에다 꼬일 엿, 쏠
사 해서, 거창한 난센스의 트리오 삼총사를 무대에 올려놓고 룰
랄라 하는 거죠.

교수1: 저는 무슨 김대중 실록이라도 되는 줄 알았는데.

교수2: 김대중 실록이야 조선일보가 빈틈없이 사초하고 있는데,

나 같은 옛사가가 무엇 때문에 자초해서 독자들의 꽉 막힌 귓밥을 판단 말입니까?

교수1: 요즈음엔 실록이 하도 많아서 동아실록 중앙실록 한겨레실록, 이 실록의 계절에 말입니다.

교수2: 그러니 말들이 꼬이고 헷갈릴 수밖에. 그러니 사전이 암행어사 출두를 외칠 적기가 아니겠습니까?

교수1: 말들이 어떻게 헷갈린단 말인가요?

교수2: 남북이란 말도 휴전선만 넘으면 이상하게 북남이 되지 않습니까? 남에서 맞는 것이 북에 가면 틀리고 북에서 맞는 것이 남으로 내려오면 틀리게 되니 헷갈려도 한참 헷갈릴 수밖에요.

교수1: 김정일 같은 인물도 사전에 나옵니까?

교수2: 명색이 옛사사전인데 그런 인물이 빠지면 어떻게 되갔습네까? "불러도 대답 없는 이름," 그렇게만 간단히 소개되어 있디요.

교수1: 그는 과연 남한을 방문할까요? 일정을 밝혀야 하지 않겠습니까?

교수2: 정일을 거울로 보면 일정인데 오기는 올 겁니다.

교수1: 과연 그럴까요? 그의 선친인 김일성은 사전에 어떻게 나와 있습니까?

교수2: "인과응보에 예외를 만들어 신의 섭리를 의심하게 만든 자."

교수1: 그에 대한 정의는 조금 장황하군요.

교수2: 워낙 거물이라서.

교수1: 금강산 같은 자연은 어떻게 되어 있습니까?

교수2: "나무와 바위 빛이 달러지폐와 유사한 세계 유일한 산"이지요.

교수1: 산이 있으면 강도 있겠군요. 대동강은요?

교수2: "하마터면 논밭으로 변하여 팔릴 뻔했던 한국 최초의 대형 부동산 사기의 현장"으로 되어 있습니다.

교수1: 글쎄요. 김선달이라면 선뜻 이해할는지 몰라도. 어쨌든 신엿사사전의 의미가 자못 심오하군요.

교수2: 시대가 워낙 가물어서 못자리 물도 깊어 보이죠.

교수1: 청개구리들은 분명 공감할 것입니다. 어쩌면 황소개구리들도.

교수2: 신엿사사전은 늘 개골개골 하지만 건강으로 볼 때는 결코 개골개골 하지 않은 역사의 강물에 물거품으로 동참하는 수많은 존재들에게 읽히게 될 것입니다.

교수1: 신엿사사전은 역사상 처음 출판된 역사사전이 아닙니까?

교수2: 적어도 담장이 높은 역사에는 출입한 적이 없는 말들이 많죠. 이 말들이 여름밤 모기를 불태우는 강렬한 스포트라이트를 받으면서 역사의 밤무대까지 전진함으로써 감기 한번 안 앓고 무사한 나날을 즐기던 우리 한글사전은 하루아침에 훈민정음처럼 늙어버렸습니다.

교수1: 그러나 저러나 벌써 한 학기가 다 끝나버린 것 같습니다. 내주부터 기말시험 기간이니. 내일 모레가 개교기념일이라지요?

교수2: "나이가 어린 것이 부끄러운 이상한 날"이죠.

교수1: 그러나저러나 사전도 나왔으니 출판기념회라도 하지 않을
까요?

교수2: 철판기념회 말입니까?   2001. 8. 25

하늘에 그린 눈썹이 지워질 때

↯ 양탄자를 타고 다니던 자들이 갑자기 비행기로
갈아타더니 일을 저지르는군요. 그들이 믿는 신이
알라인지 몰라도.

교수1: 이렇게 되면 어떻게 되는 거죠?

교수2: 뭐가 말인가요?

교수1: 하루 아침에 뉴욕이 진주만으로 변하지 않았습니까? 그
아름답던 스카이라인, 세계 도시 가운데 가장 아름다운 눈썹이
대낮에 초승달처럼 지워지다니요?

교수2: 제2차 세계대전의 전선이 보이지 않는 파도에 밀려 하와
이에서 뉴욕으로 확대된 거겠죠. 문명충돌에 걸맞게 제법 드라
마틱하지 않습니까? 최악의 경우 전세계를 공포의 백야로 만
들 것입니다. 오죽하면 NBC의 데이비드 레터만이 더 이상 심
야 쇼를 못하겠다고 하겠습니까? 코미디는 없습니다. 그 땅에는,
당분간.

교수1: 미국은 혹시 공주가 아닐까요? 영화 슈렉에 나오는. 꼭 누

가 깨워야 일어나는 이유가 뭘까요?

교수2: 미국이니까요.

교수1: 양탄자를 타고 다니던 자들이 갑자기 비행기로 갈아타더니 일을 저지르는군요. 그들이 믿는 신이 알라인지 몰라도.

교수2: 어쩌면 그럴 때도 되지 않았습니까?

교수1: 그럴 때가 되다니요?

교수2: 이 세상 어떤 사람에게는 삶이 죽음만도 못할 때가 왔다는 거죠. 미움으로 버티면서 살아가는 데도 한계가 있기 마련이죠.

교수1: 그래서 거대한 점보제트를 전투기로 가미가제 해 버린단 말인가요? 그 엄청난 미움의 끝은 어디랍니까?

교수2: 그 끝은 물론 사랑이겠지만, 척박한 첩첩산중에 살고 있으니 그것이 보일 리 없죠.

교수1: 미국이라고 가만있겠습니까? 또 잿더미로 변한 원혼들이 가만있으라고 가만두겠습니까?

교수2: 가만 안 있어도 문제이고 가만있어도 문제죠. 진퇴양난의 미국은 어쩌면 협곡에 끼어 흘러가는 계곡과 같다 할 것입니다. 궁극적으로 길은 하나밖에는 없습니다.

교수1: 하나의 길이라니요?

교수2: 전쟁과 평화죠. 역사가 흘러가는 진부한 공식이 아니겠습니까?

교수1: 그나저나 당분간 미국 가기는 틀린 것 같습니다.

교수2: 미국은 고사하고 서울 광주도 오가기가 쉽지 않을 걸요.

창가에 눈을 붙이고, 도시에서 멀어져야 안심이 될 것입니다.

교수1: 화장실 가는 승객도 왠지 눈여겨보겠죠. 순식간에 의심의 세균에 감염되고 말 것입니다. 그런데 혹시 이번 테러범들이 북한에 영향을 주지는 않을까요?

교수2: 영향이 아니라 영감을 줄까봐 걱정입니다.

교수1: 그래도 햇볕정책 덕분에 최악은 모면하지 않았겠습니까? 서울에 63빌딩이 아직도 서 있는 것은 그나마도 그 때문이 아니겠습니까?

교수2: 햇볕이 있으면 흐린 날도 있을 터인데 그것이 걱정입니다. 물론 청와대 날씨와 그 밖에 지역 날씨는 항상 다르지만.

교수1: 우리가 미국처럼 테러를 당하지 않은 것을 생각하면 햇볕정책의 주인공에게 다소 크레딧을 줘도 좋을 것 같습니다만.

교수2: 평화를 당연하게 생각하는 사람들이 그런 생각의 햇볕이 들겠습니까?

교수1: 그건 그렇다 치고, 미국에 간 최교수는 요즘 어떻게 지내고 있을까요?

교수2: 잘 지내고 있겠죠. 가을날 잠자리처럼 불안하게.

교수1: 뉴욕이 아닌 캘리포니아로 간 게 다행이죠. 그래도 그 친구에겐 충격이 컸을 겁니다. 뉴욕이 그에겐 J의 고향이니까. 지금쯤 무얼 하고 있을지?

교수2: 강의를 하던지 해변을 달리던지, 아니면 미국 엿사를 쓰고 있던지 하겠죠. 또 다른 한국 엿사를 장만하기 위해.　　2001. 9. 25

또다시 플라톤의 동굴

⇨ "보라! 인간들이 지하 동굴 속에 살고 있는데,
그 입구가 빛을 향해 열려 있는 것을…… 그들은
오직 자신의 그림자가 아니면 남의 그림자만을 보게
되는데…… 이곳의 진실은 실제에 있어서는 어른대는
이미지의 그림자일 뿐이라네." -『공화국』 7권

교수: 자네들이 아는 동굴을 말해보게.

학생: 라덴의 동굴 말씀인가요? 알리바바와 사십인의 도둑이 살았던 동굴도 있고.

교수: 동굴이 어찌 그것뿐이던가? 요즘 들어 라덴의 동굴이 뜨긴 했지만.

학생: 단군의 어머니 웅녀가 살던 마늘 냄새 지독한 동굴도 있고요.

교수: 지난번 강의를 잊지 않았구먼. 그러나 다른 동굴들도 검색해보게. 어디 한번 구경할 만한 데가 있는지?

학생: 어제 교회에서 성경공부가 있었는데, 사울 왕에게 쫓기는 다윗이 동굴에 숨었습니다. 그 속에서 사건이 많았습니다.

교수: 동굴은 숨기에 적격이지. 그래서 아합의 왕비 이세벨에게 쫓기는 선지자 엘리야도 결국은 한때 모세가 올랐던 호렙산의 동굴로 피하지 않는가?

학생: 초기 기독교인들이 로마의 핍박을 피해 벌집 같은 동굴에 숨었었죠.

교수: 제법 박자를 맞출 줄 아는구나. 성경 말고 다른 곳에서 동굴을 찾을 수는 없을까?

학생: 철학개론 시간에 배운 베이컨의 우상이 있는 동굴이 있을 것 같은데요.

교수: 좋은 생각이야. 입구에 가까워지고 있어. 그 동굴은 근래에 들어 많이 훼손됐지.

학생: 그것 말고도 또 있습니까? 웬 동굴이 그렇게 많습니까? 라덴의 동굴 하나만으로도 골치 아픈데.

교수: 플라톤의 공화국에 나오는 동굴이 있지 않느냐? 이 동굴은 대한민국에도 얼마든지 있지.

학생: 옛날에도 테러리스트들이 살고 있었나요?

교수: 플라톤의 소크라테스는 무지를 공격하는 온건한 테러리스트였지. 그의 친구 글라우콘이 증인이지. 오늘날 철학의 지하드는 막을 내렸지만.

학생: 도대체 그 동굴은 어떻게 생겼는데요? 전기는 들어왔을 리 없고.

교수: 전기 대신 벽 쪽에 늘 타오르는 모닥불이 있었지. 사람들이

그 앞을 지나가게 되면 그들의 모습은 반대편 벽에 어른거리고. 그래서 탤런트 황수정이 지나가면 사람들은 그녀의 그림자를 보고 그것이 황수정인지 알 수 있게 되지. 이리저리 살펴보면 더 잘 알 수 있겠지만, 그들은 목이 고정되어 있어서 벽 외에는 바라볼 수가 없지. 그래서 동굴 속의 사람들은 늘 환상만을 보게 되지.

학생: 만일 그들이 그림자나 환상만을 보다가 직접 실물을 보게 되면 어떻게 될까요?

교수: 눈에 가시가 박힌 듯 고통스럽지. 그림자에 익숙한 눈이 어찌 실물을 대할 수가 있단 말인가? 눈이 부시어 눈동자가 터질 것만 같을 거야. 마치 태양을 직시하듯이. 우리가 보는 태양은 사실은 태양의 그림자요 환상일 뿐이지. 누가 태양과 눈이 마주치면서 그것을 볼 수 있단 말인가?

학생: 황수정이 태양이란 말씀인가요?

교수: 밤새 타버린 연탄이 아니면 모파상적인 비곗덩어리일 뿐이지. 스캔들이란 실상 드러난 현상을 말하는 것이지. 인간의 실상을 제대로 볼 수 있다면 스캔들 아닌 것이 어디 있으리요? 모두 그림자만을 보고 살다가 어느 날 실상을 접하니 고통스러워 견딜 수가 없는 것이지. 그러면 황수정이 가관인가 아니면 이제야 그녀를 바로 보고 아우성치는 저 그림자 같은 인간들이 더 가관인가?   2001. 11. 25

채팅: 충청도에 함박눈이

➪ 그 외로움은 함박눈으로도 덮을 수 없더란
말입니까?

교수1: 충청도에 첫눈이 내렸습니다.

교수2: 눈에 선합니다, 미국에 있어도. 하얀 솔을 두른 대한민국
의 뒷모습이.

교수1: 바다 건너에서도 잘 보이나요?

교수2: 보이기보다는 설레는 것 같습니다.

교수1: 아직도 청춘인가요?

교수2: 눈꽃은 꽃이 아닙니까?

교수1: 캘리포니아가 꽃은 많지만 눈꽃은 드물 텐데요?

교수2: 마음의 해변에만 피는 꽃이 눈꽃이죠.

교수1: 이왕이면 함박눈이 되어 섬진강변 매화마을에 피었으면.

교수2: 멀리서 보면 사람 하나 하나가 모두 떨어지는 눈송이인 것
만 같습니다. 설사 거리의 가로수나 달리는 자동차 바퀴에 낙하
한다 해도.

교수1: 녹아서 햇살 속으로 사라지는 백색의 전사들 아니겠습니까?

교수2: 어지럽게 흩날리지만 멈추는 순간의 엄숙함이 너무 아름답습니다.

교수1: 아름다울지는 몰라도 나는 외롭기만 합니다. 이건 세상이 아니라 공동묘지입니다.

교수2: 외로움도 아름답죠. 그것을 나눌 사람만 있다면.

교수1: 눈 오는 날은 길도 마음도 엉망입니다.

교수2: 무슨 걱정이라도 있습니까?

교수1: 나이를 먹으니 눈이 많아 데이트 길도 끊기고. 한 잔 길만 남았는데, 아으, 더 말해서 무엇하겠습니까?

교수2: 남은 길보다 지나온 길이 더 길게 느껴질 때 전류처럼 흐르는 두려움이 외로움이죠.

교수1: 그 외로움은 함박눈으로도 덮을 수 없더란 말입니까?

교수2: 충청도에 내리는 눈을 보고 전라도 사람이 흥분하는 것 봤습니까? 자기의 눈은 자기가 만들어야 하고 맞아야 하고 또 치워야 할 것입니다. 외로움이라면 그것이 외로움입니다.

교수1: 하긴 충청도에 눈이 내리든 진눈깨비가 내리든 이렇게 태평양 건너로 말을 주고받자니 언 가슴이 다소 녹는 것만 같습니다.

교수2: 눈 내리는 밤에 사천만이 컴퓨터 화로에 둘러앉아 채팅을 즐기면서 서로의 마음을 녹이는 것도 좋을 듯 싶습니다. 해외의 교포까지 가세하면 더욱 장관일 것이고.

교수1: 그러나저러나 그 곳 세상은 어떻습니까? 아프간 전쟁은 언제나 끝날 것 같습니까?

교수2: 토크빌이 일찍이 한 말이 있습니다. "민주국가의 제일 어려운 일 두 가지는 전쟁을 시작하는 것과 끝내는 것"이라고.

교수1: 싱겁게 끝날 것 같던데. 라덴은 무덤을 따로 팔 필요도 없이 동굴에 비석 쓰는 일만 남았고.

교수2: 경주의 왕릉과는 비교가 안 되는 세계 제일의 천연 피라미드죠. 파라오나 라덴 모두 보이지 않는 세상을 위해 엄청난 공사를 벌였죠. 천국에 노예가 없고 로케트 포가 없으면 실망할 겁니다.

교수1: 그를 믿었던 소액 주주들이 더욱 문제입니다. 먼지와 바람에 흩날리는 수염들이 안쓰럽기만 합니다.

교수2: 어제 LA 타임즈에 자기들 회교 지도자의 말만 믿고 무작정 아프가니스탄으로 싸우러 갔던 파키스탄 사람들의 기사가 실렸습니다.

교수1: 어떻게 됐습니까?

교수2: 듣던 바와는 달리 미국인은 구경도 못하고 마주친 사람들은 같은 아랍 형제들이요 탈레반은 배반을 일삼아 오히려 자기들을 적에게 팔아 넘기니 기가 막힐 일이었다는 겁니다.

교수1: 그러면 이제 아프간이라면 지긋지긋 하겠군요.

교수2: 그래도 상황이 나아지면 다시 싸우러 가겠다고 이구동성으로 다짐하더란 말입니다.

교수1: 포기스탄이 아니군요.

교수2: 충청도 함박눈이 잠시 그쳤을 뿐이죠.　　　　　　　2001. 12. 10

십만 돼지의 죽음에 대한 호천망극

↯ 걸핏하면 더러운 욕을 밥 먹듯이 하는 인간은 입이
부르트지 않고 왜 말 못하는 짐승이 입이 부르트는지

학생: 교수님, 영어로 구제역을 뭐라고 합니까?

교수: Foot-and Mouth Disease라고 하지. 그런데 그것은 왜 묻나?

학생: 잘 이해가 안 갑니다.

교수: 뭐가 말인가?

학생: 걸핏하면 더러운 욕을 밥 먹듯이 하는 인간은 입이 부르트지 않고 왜 말 못하는 짐승이 입이 부르트는지 알 수가 없습니다.

교수: 수의사가 더 잘 알겠지만, 마당발로 갈 곳, 못 갈 곳을 돌개바람처럼 싸돌아다니는 인간은 발병이 안 나고, 왜 우리 안에서 종일 가만히 서 있는 짐승은 발이 퉁퉁 부르트는지, 나도 그것이 알고 싶다네.

학생: 죄 없는 돼지들의 죽음이 너무 억울합니다. 멱따는 소리 한 번 못 지르고, 삼일장도 못 치르고, 땅 속에 생매장을 당하다니요? 가요계에 진출도 못하고 아쉽게 불 꺼진 지하의 무대로 내

려가다니요?

교수: 모두 다 흙에서 흙으로 돌아가는 것 아닌가? 돼지라고 예외일 수는 없지 않은가?

학생: 구제역에 안 걸렸는데도 연좌제에 걸려 구제불능이니 그것이 억울하고 원통하다는 것 아닙니까?

교수: 그럼 십만 돼지의 억울한 학살 사건, 최신판 4.3사건의 진상을 노근리하게 파헤쳐 보게. 뭐가 나오는지?

학생: 한숨 말고 뭐가 나오겠습니까? 돼지에게 스캔들이 있다는 소문 들어본 적 있습니까? 돼지 임자라면 몰라도. 돼지가 죽으면 돼지만 죽지는 않을 것입니다. 정권이 다칠 수도 있습니다.

교수: 상처뿐인 정권인데 더 이상 다친다고 누가 놀라기나 하리요? 문제는 돼지 임자인데, 짐승이 죽었다고 사람을 순장시킬 수는 없지 않은가? 현금과 신용 카드는 뺀다고 해도.

학생: 임자도 임자지만 돼지가 죽으면 우리 축제도 죽지 않습니까? 쌍촌동 축제에, 아니 광산 캠퍼스 열린 음악회에 십만 돼지를 초대해 보십시오. 어떻게 되나? 분위기가 살지 않겠습니까? 닫힌 마음이 열리지 않겠습니까?

교수: 돼지의 수난과 비명횡사가 대학 캠퍼스까지 그림자를 드릴 줄이야.

학생: 우리가 받을 천벌을 그들이 대신 받았으니, 인간으로서 할 도리는 해야 하지 않겠습니까?

교수: 그들을 도살하지 않고 정중하게 묻어준 것으로는 부족하단

말인가? 그들의 극락왕생을 위해 지전이라도 태워줄까? 아니면 그들의 윤음을 기리면서 마지막으로 떠났던 곳을 향해 망위례라도 거행할까?

학생: 돼지는 명예로운 죽음을 원합니다. 세상이 떠나가라 소리치고 몸부림치다 죽는 것이, 건넛마을 잠자는 사람을 기필코 깨우고서야 죽는 것이 돼지의 전통이요 명예입니다.

교수: 그런데 그런 자신을 못 지키고, 자기를 키워준 인간 부모에게 보은도 못하고 어처구니 없이 돌림병으로, 아니 병도 아닌 병에 대한 염려 때문에 죽어야 했으니, 죽어도 차마 눈을 감지 못하겠지. 아니 보은은 고사하고 뜻밖에 병을 얻어 섬기던 주인을 파산의 구덩이에 합장해 묻었으니 죽어도 눈을 못 감을 거야. 돼지의 의리가 완전히 드라마구먼.

학생: 어느 날 섭섭하게 했다고 모시던 주인을 배반하는 그런 인간들에게 비하겠습니까? 아무리 욕하고 걸어차도 돼지는 주인의 꿀꿀대는 소리를 녹음해두지 않습니다. 꿀꿀대며 불평을 할는지는 몰라도.

교수: 인간이 돼지에게 배울 때가 왔단 말인가!

학생: 짐승 가운데 유독 돼지만이 제사상에 오르는 이유가 무엇이겠습니까?

교수: 죽을 때의 처절한 절구絶句가 인간의 그것과 가장 닮았기 때문인가?

학생: 절규조차 할 수 없는 저들의 절규, 그 엄청난 절망감이 오

늘날 우리 돼지들이 당면한 실존적인 현실 아니겠습니까?

교수: 악을 쓰면 악이 물러갈까?

학생: 그 악 속에는 약도 있지 않겠습니까?

교수: 그러나 사람의 귀에는 가망 없는 불 꺼진 소리로밖에 들리지 않는 것을.

학생: 그래도 돼지가 당한 테러와 학살은 그것으로만 끝나지 않을 것입니다.

교수: 인간의 모진 입과 발에서 비롯된 구제역이 세상을 오염시키고 죄 없는 돼지에게까지 전염되었으니, 인간을 치료하지 않고서는 돼지를 살릴 길이 없겠지. 정구업진언淨口業眞言!

학생: 병든 인간들은 돼지처럼 합장할 수도 없으니 어찌하면 좋겠습니까?

교수: 그런 구제야 신에게 맡겨야지. 인간은 계속 함정과 구덩이를 파고. 안 그런가?　　　　　　　　　　　　　　　　2002. 5. 25

한여름 밤의 꿈

⇘ 모두가 나라의 주인이 되는 기분, 이 엄청난
엔돌핀의 대량생산이 월드컵 특수일 것만 같습니다.

교수1: 기분 좋은 밤입니다. 이것이야말로『한 여름 밤의 꿈』이 아
니겠습니까?

교수2: 술집과 가게들의 꿈이기도 하죠.

교수1: 알고 보니 폴랜드가 아니라 Fall Land였습니다.

교수2: 앞으로 우리의 발이 우리의 머리를 따라갈 수 있을지 은근
히 걱정입니다.

교수1: 다들 집에는 안 들어갈 모양이지요? 아직도 불빛의 숲 속
을 헤매고있으니.

교수2: 흥분해서 잠이 오겠습니까?

교수1: 한밤중 까마귀가 솟아올라 종로의 보신각 종이라도 들이
받으면 어떨까요?

교수2: 한강물은 이미 솟구쳤으니 삼각산 춤추는 장면만 남은 것
같습니다.

교수1: 정말 그날이 올까요?

교수2: 안 오면 찾아가면 될 것 아닙니까? 마호메트처럼.

교수1: 축구가 사람을 바꿔놓을 수도 있는 겁니까?

교수2: 정치가 못 바꾸니 스포츠가 보궐해서 대타가 된 것 아닙니까?

교수1: 유세장에서 뛰는 선수들이 너무도 초라한 것 같습니다.

교수2: 너무도 오랫동안 성적을 못 냈으니 당연하죠. 그래도 출전을 하는 것보면……

교수1: 사람들이 축구에 열광하는 이유가 무엇일까요?

교수2: 전체가 하나되는 기쁨 아닐까요?

교수1: 하긴 온 나라 팔천만 개의 눈동자가, 아니 전 세계 수십억 개의 눈동자가 지구의 오직 한 곳, 그것도 차면 구르기도 하고 날개 단 듯 날기도 하는 작은 공만을 정신없이 뒤쫓다 보면 자연스럽게 눈과 맘이 눈덩이처럼 뭉쳐지는 거겠지요. 얼마 있으면 녹아버릴 거지만.

교수2: 더욱이 축구 볼은 아무리 뺏어도 부끄럽지 않으니, 생존경쟁이 치열한 세상에서 가장 부담없이 해 볼만한 것이 축구가 아니겠습니까?

교수1: 그러나저러나 그동안 히딩크 감독을 비난했던 사람들은 할 말이 없게 된 것 같은데.

교수2: 기억조차 안 날 것입니다. 오히려 칭찬하기에 바쁠 테니까.

교수1: 모두가 히딩크에 대해 다시 heeding하고 think하게 되는

군요.

교수2: 그러니 여론과 흥분처럼 허망한 것도 없죠.

교수1: 지금부터는 실망에 대비해야 되는 것 아닙니까?

교수2: 이미 늦은 감이 있죠. 미국을 얕보다간 납작코가 다칠 수 있죠.

교수1: 알카이다처럼 말인가요?

교수2: 미국과 포르투칼 전에서는 누구를 응원하셨습니까?

교수1: 이건 우리 둘만의 이야기지만, 마음이 자꾸 포르투칼 쪽으로 기울더이다. 다음 경기에서 우리에게 아무래도 부담스런 상대가 될 것 같기에.

교수2: 그것이 무엇이 흉이겠습니까? 한국이 미국을 꺾는 것은 세네갈이 프랑스를 이기는 쾌거에 버금갈 것입니다. 또 한번 한여름 밤의 교통을 마비시킬 수 있어야 할 텐데.

교수1: 한달 내내 술도 밥도 공짜로 먹었으니. 월드컵이 끝나면 건강진단부터 해야 하지 않을까요?

교수2: 마음이 기쁘고 즐거우면 인심부터 후해져 내 것 네 것이 따로 없어지니, 모두가 나라의 주인이 되는 기분, 이 엄청난 엔돌핀의 대량생산이 월드컵 특수일 것만 같습니다.

교수1: 그러나 저러나 최 교수는 아직도 미국에 있나요? 곧 돌아올 때가 되지 않았나요?

교수2: 조금 더 있어야 올 것입니다. 떠날 때 월드컵을 못 볼 거라고 아쉬워하며 떠났으니까.

교수1: 미국에서도 월드컵을 볼 수 있겠죠? 히스패닉들이 워낙 축구를 좋아해서 방송을 할 테니까요. 그 사람들은 축구경기가 있는 날이면 직장에 아예 텔레비전을 들고 나타나니까요.

교수2: 최 교수가 식당에 책 들고 나타나는 것과 뭐가 다르겠습니까? 어느 날 심각한 얼굴로 나타날 것입니다. 언제 왔는지도 모르게.

2002. 6. 10

위기의 교수

↳ 흰머리가 그 억센 하얀 뿌리로 아이디어를 다
빨아 먹어서 아무리 쥐어짜도 나오는 것은 아—— 하는
한숨뿐이죠.

교수1: 위기의 교수라니요?

교수2: 왜 듣기가 거북하십니까?

교수1: 왠지 얼마 전 그 연속극이 생각나서.

교수2: 교수야말로 강단의 스타 아니겠습니까? 비록 인기는 없지
만, 위기의 시대에 누구보다도 스타가 될 가능성이 많지 않습니
까? 학생 앞 강단이 천길 낭떠러지처럼 느껴지지 않습니까?

교수1: 차라리 구경꾼이 부러울 때가 있습니다. 멀리서 남의 불행
을 감상하면서 감사와 위로를 느낄 테니까요. 현실이 아닌 드라
마라는 사실에 가슴을 쓸어 내립니다.

교수2: 너무 행복한 것도 불공평하고 미안한 일이죠. 주변에 불행
한 사람이 많을 경우에는. 그럴 때는 잠시 이번 교수회의 때 겁
주었던 공포의 대학 종합평가로 수직 상승의 기분에 브레이크

를 걸어야 할 것입니다.

교수1: 깨를 짜면 기름이 나오는데 머리를 짜면 왜 아이디어가 안 나오는지?

교수2: 흰머리가 그 억센 하얀 뿌리로 아이디어를 다 빨아 먹어서 아무리 쥐어짜도 나오는 것은 아-- 하는 한숨뿐이죠.

교수1: 길고 짧은 한숨이 고소한 들기름 냄새가 나면서 논문의 두루마리로 변한다면 얼마나 좋으리오마는, 이러다 정말 연속극의 주인공이 되는 것은 아닌지?

교수2: 위기를 탈출하고자 또 다른 위기 속으로 논두렁 메뚜기처럼 뛰어들어가지는 말아야겠지요.

교수1: 위기 속에서는 자신도 모르는 사이 모두가 도박꾼이 되는가 봅니다. 안 그렇습니까? 행운을 향해 온몸을 던지는 순간, 커다란 바퀴는 그 떨어지는 힘으로 움직이게 되죠.

교수2: 돌아가던 바퀴가 서서히 서는 순간이 섬뜩하고 두렵기만 합니다. 모든 시곗바늘이 하나 같이 죽음을 가리키니까요. 그때의 꽝 소리가 제일 요란합니다.

교수1: 죽음과의 도박에서 대박을 터트린 자도 있죠. 조각배 하나로 엄청난 바람과 파도를 이겨낸 북한의 귀순자들 말입니다.

교수2: 가정을 지키기가 나라 지키는 것 만큼이나 어려워졌습니다.

교수1: 타락한 세상의 혼탁한 바람과 불륜의 파도가 어둠 짙은 서해 바다보다도 더 위험할는지 모릅니다. 걷잡을 수 없는 방황은 재수 없는 사람을 하루아침에 스타로 만들어 버립니다.

교수2: 조지 워싱턴 대통령은 거짓말을 할 줄 몰랐지만, 나는 할
줄 알죠. 그러나 하지는 않을 것입니다.   2002. 8. 25

목포의 눈물을 싣고 서울까지 가려면

↳ 제일 큰 손실은 건물보다도 숭례가 타버렸다는 것입니다.

교수1: 엿사가 다시 나오는 것입니까? 이게 얼마만입니까?

교수2: 그간 죄도 없이 잠적해 찝찝하던 차에 남대문이 타버리니까 녹슨 칼이 저절로 뽑아진 것 같습니다.

교수1: 하긴 붓이 물이 오를 때도 되었죠. 헌데 참여정부는 문도 못 닫고 떠나는군요. 남대문이 사라졌으니.

교수2: 원래 열린 것을 좋아하는 사람들 아니었습니까?

교수1: 나라의 제일 큰 보물을 잃었으니 살맛이 안 납니다.

교수2: 어쩌다 무엇 하나 지키지는 못하는 나라가 되었는지. 그보다 다음은 또 무엇일지?

교수1: 그러기에 때 맞춰 정권을 바꾼 것 아니겠습니까?

교수2: 급한 불을 끄라고 뽑았으니 바라만 보고 있지는 않을 것입니다.

교수1: 도대체 이해할 수가 없습니다.

교수2: 뭘 말입니까?

교수1: 오백년 역사를 산 채로 화장시키다니요.

교수2: 매연에는 강해도 화염에는 약하니까요. 원래 남대문은 문 밖에 사는 자가 화기와 독기를 품고 기어오르면 금시 불이 붙고 엿처럼 휘어져 녹아버리게 되어 있습니다. 게다가 무지한 자들이 애써 파놓은 연못까지 메우고 말았으니.

교수1: 엿사의 관점에서 보니까 이해가 되는 것도 같습니다.

교수2: 제일 큰 손실은 건물보다도 숭례가 타버렸다는 것입니다.

교수1: 예?

교수2: 예가 다 타버렸다니까요. 숭례까지 말입니다.

교수1: 가뜩이나 버르장머리 없는 세상인데, 동방예의지국이 불타버렸으니.

교수2: "동방의 촛불"은 아직도 유효하니 그나마 다행입니다.

교수1: 정말 우리나라가 동방의 촛불일까요?

교수2: 엿을 만들기에는 화기가 부족한 것이 흠이지만, 없는 것보다는 나은 것이 바로 그런 것입니다.

교수1: 정권이 바뀌어 바람 잘 날이 없을 터인데, 동방은커녕 발등이나 제대로 비추겠습니까?

교수2: 동방명주보다는 희미하겠지만, 그것도 광화문에 모아놓으면 "타고르"해서 장안을 후끈 달아오르게 하지 않습니까? 어찌 항구의 차가운 불빛에 비하겠습니까?

교수1: 신임 대통령의 공약에 동방의 촛불을 동방의 태양으로 바꾼다는 공약은 없었습니까?

교수2: 한반도 대운하 건설이 그런 것 아니겠습니까? 해가 운하에서 떠 운하 속으로 지게 하겠다는 것 아닙니까?

교수1: 운하의 용도가 그런 것이었습니까? 바지선으로 해를 실어 나르기가 만만치 않을 텐데요.

교수2: 청계천에 종이배 띄우기처럼 쉽다 하지 않습니까?

교수1: 목포의 눈물을 싣고 서울까지 가려면 얼마나 걸릴까요? 지역감정의 토사가 워낙 쌓였는지라.

교수2: 강물들도 정신 차려야겠죠. 시대의 흐름이 빨라졌으니.

2008. 3. 10

언제나 봄바람이 무섭지 않을는지?

 삶의 허무와 싸우기도 버거운데, 조류독감에다
광우병이라니.

교수1: 세계 대종말이 성큼 다가오고 있는 것 아닙니까?

교수2: 하나님이 세계를 운영하는 것이 좀 수상하기는 하죠. 천사
들의 나팔 소리라도 들으셨습니까?

교수1: 갑작스런 태풍에다 지진에 수많은 사람이 물귀신이 되고
생매장을 당했으니 이것이 징조가 아니고 무엇이겠습니까?

교수2: 번번이 의인이나 악인이나 구별도 없이 이런 식으로 끝내
는 그 분의 뜻이 무엇인지?

교수1: 소가 미치고 닭과 오리가 감기 들린 죄로 홀로코스트를 겪
는 것도 억울하다면 억울하지요.

교수2: 더욱이 말 못하는 짐승이고 보니. 5.18인데도 주저앉고 일
어나질 못하네요.

교수1: 온갖 재해에 유가 폭등, 취업난까지 겹치니 사는 것 자체
가 포로요 전쟁이죠. 어디 총을 쏴야만 전쟁인가요?

교수2: 그것도 그것이지만, 독감이 들어와 천막을 치고 나갈 줄을 모르니 제 몸뚱이가 전쟁터입니다. 끊임없는 기침은 총성일 테고. 며칠 사이에 폐허가 되어버렸다니까요.

교수1: 저도 매일 고열에다 어지러우니, 제 속에도 지진에다 화산 용암이 펄펄 끓고 있습니다. 독감이야말로 대재앙입니다.

교수2: 언제나 봄바람이 무섭지 않을는지?

교수1: 우리 몸이 촛불보다도 못한 것 같아요. 촛불은 바람을 두려워하지 않는데.

교수2: 요즈음은 촛불 자체가 바람인걸요.

교수1: 하긴 청계천 밤풍경이 촛불 때문에 달라질 줄 어찌 알았겠습니까?

교수2: 내가 독감 때문에 오월의 절반을 허송할 줄 몰랐던 것과 같죠.

교수1: 도대체 이 독감은 누가 옮기는 거랍니까?

교수2: 심란하게 하늘을 나는 것들. 심심치 않게 전파를 타는 자들이겠죠.

교수1: 철새가 재앙이 되다니 농민들이 철새를 보는 시선이 곱지를 않아요. 시와 낭만은 옛 말이죠.

교수2: 조류나 인류나 다를 바가 없죠. 이 또한 시대의 조류 아니겠습니까?

교수1: 하긴 박씨 대신 바이러스를 물어 나르니 시대가 변하긴 변했나 봅니다만.

교수2: 행운을 물어다줘도 모자랄 판인데. 아무리 그래도 다리를 분지르는 것도 모자라 살처분이라니.

교수1: 이참에 아예 닭과 정을 떼려는 것 아닐까요?

교수2: 삶의 허무와 싸우기도 버거운데, 조류독감에다 광우병이라니.

교수1: 그래서 어린 학생들이 대신 싸워주는 것 아닌가요? 새벽까지 잠도 안 자고.

교수2: 치킨과 갈비로 잔뼈가 굵은 세대라서 힘을 좀 쓸 수는 있겠지만, 어른 싸움과 애들 싸움이 구분이 없어지는 것은 뭔가 잘못된 거죠.

교수1: 이런 세대차의 균열이야말로 지진 못지않게 위험한 것 아닐까요?

교수2: 싸우면서 크려나 봅니다. 하긴 우리도 그렇게 커왔으니까.

교수1: 사월만 잔인한 줄 알았더니, 오월은 더 할 것 같습니다.

교수2: 오죽하면 봄바람이 무섭겠습니까?　　　　　　　　2008. 4. 25

궤도이탈

➷ 도킹을 하는 것이 왜 궤도 이탈입니까? 지난밤
이소연이 하는 것 못 봤습니까? 그러니 제 하소연도 좀
들어주셔야죠.

남: 도킹 좀 합시다.

여: 토킹요? 잘 안들려요.

남: 도킹요, 도킹.

여: 지금 저보고 궤도 이탈을 하란 말예요?

남: 도킹을 하는 것이 왜 궤도 이탈입니까? 지난밤 이소연이 하
는 것 못 봤습니까? 그러니 제 하소연도 좀 들어주셔야죠.

여: 그럼 저는 뭐가 되죠?

남: 무중력 속에서 라면이 어떻게 끓는지, 둥둥 떠다니며 함께
먹으면 안 될까요?

여: 나는 그런 블랙홀에 빨려 들어가기 싫거든요. 라면가닥처럼
냄새나는 입 속으로는.

남: 나는 당신의 위성이 된지 이미 오래인데.

여: 그래서요?

남: 궤도수정을 하면 안 되겠습니까, 하루만이라도. 함께 돌면 안 될까요? 나를 위해서.

여: 봄바람 속을 걷는 것만도 어지러운데 정말 왜 이러시는 건데요?

남: 은하수 수억 광년을 함께 거닐자는 것이 잘못입니까?

여: 이봐요, 견우씨, 나는 직녀가 아니라니까요.

남: 직장녀나 직녀가 그게 그거죠. 칠월칠석까지 기다리기가 뭐해서 그러는 것 아닙니까?

여: 철석같이 기다려도 모자랄 판인데. 아무튼, 눈물이 앞을 가리네요.

남: 우주선 베틀에 앉아계신 모습이 너무 아름다워서요.

여: 엊그제 개통한 지하철을 타고 출퇴근하는데 베틀이라니요? 셔틀이라면 몰라도.

남: 나도 매일 천국과 지옥을 출퇴근 하죠. 하늘에서 만날 수 없다면 지하에서라도.

여: 지하에서 만나기에는 우리 모두 너무 젊지 않나요?

남: 천하대장군이 되어 가시는 길목에 서있겠습니다.

여: 나는 지하여장군이 아니라니까요.

남: 그럼 천상천하에 나 홀로라는 말입니까?

여: 궤도만 지키면 홀로 될 일은 없죠.

남: 정말 궤도 그러시네. 과감하게 궤도를 이탈해 꼬리를 불태우

자니까.

여: 어떻게 꼬리를 불태워요? 여우도 아닌데.

남: 진화 이전으로 돌아가면 되죠. 종의 기원으로. 우리가 유성이 되어 궤도를 이탈하는 순간 꼬리가 점점 사라진다니까요.

여: 그러다 꼬리가 잡히면요?

남: 누가 감히 우리의 불타는 꼬리를 잡을 수 있겠습니까? 괜히 말꼬리 잡지 마시고, 제발 도킹 좀 하자니까요. 벌써부터 내 가슴은 카운트다운으로 터질 지경입니다.

여: 2020년이 아직도 먼데 카운트다운을 시작하다니요?

남: 남은 몰라도 나로도 해야죠.

여: 참 우주적 기지를 발휘하시네요.

남: 부디 내가 실험하고 발사하는 사연들이 우주 쓰레기가 되지 않게 해주세요.

여: 눈물의 하얀 잉크로 쓴 편지라면 한번 읽어보죠.

남: 금남로 말고 우주정거장에서 내리세요. 파란 지구가 내려다보이는 곳에.

여: 마중이라도 나오실 건가요? 어디에 떨어질지도 모르는데.

남: 그대 마음의 캡슐이 열리는 순간, 헤엄쳐 다가갈 것입니다.

2008. 5. 10

72時

⇨ 이러다 한국이 세계 최고의 우권국가가 되는 것은
아닐까요?

교수1: 왜 그리 넋을 놓고 계십니까?

교수2: 잠이 밀려와서요. 하품을 타고.

교수1: 촛불집회에 가지는 않았을 것이고, 심야 축구라도 보셨나
요?

교수2: 요즈음 정부가 우리 축구팀하고 비슷하지 않습니까?

교수1: 무슨 말씀인지?

교수2: 패스 미스가 너무 많으니까요. 걸핏하면 볼이 끊기거나 백
패스로 돌려버리니.

교수1: 동감입니다. 볼을 앞으로 차야 하는데.

교수2: 골문이 바로 저기인데. "고지가 바로 저기인데" 던가?

교수1: 소통이 문제죠. 대통에게는.

교수2: 내겐 두통이 문제고. 촛불들은 골키퍼까지 갈아치우라 하
고.

교수1: 이제는 감독마저도 갈아 치우라 하지 않습니까?

교수2: 경찰버스를 흔들어 넘어뜨리니 나라도 나도 멀미가 날려고 합니다.

교수1: 어쩌다가 승리는커녕 무승부도 못하는 정부가 돼버렸는지.

교수2: 결정적인 한방이 없이 헛발질만 해대니까요.

교수1: 그 결정력을 기대하고 정권을 바꾼 것 아닙니까?

교수2: 조준만 하다가 끝나버릴 것만 같습니다. 방아쇠가 녹슬 것만 같습니다.

교수1: 도대체 무엇이 문제입니까? 쇠고기라면 이제 지겹습니다.

교수2: 세계는 식량위기로 하루하루가 아슬아슬하기만 한데, 북한 동포는 허기져 주저앉아 있는데, 우리는 쇠고기를 안 먹겠다고 몇날 며칠 밤새 아우성이니.

교수1: 뻐꾸기 소리 들으며 가파른 보릿고개를 안 넘어봐서 그런 것 아닐까요?

교수2: 지금이야말로 허리도 마음도 동여매야 할 때인데.

교수1: 여론의 힘이 너무 강한 것도 문제 아닙니까?

교수2: 여론의 힘을 불필요하게 키우는 것이 문제죠.

교수1: 도무지 앞이 보이질 않습니다. 안개 낀 광주공항처럼.

교수2: 그래도 먹는 것이 중요한 것이 아니라 무엇을 먹느냐가 중요하다고 하는 촛불의 절규에는 주파수를 맞춰야 하겠죠. 무리하게 착륙을 시도하기보다는 잠시 회항하면서.

교수1: 광주는 잠잠한데 서울이 시끄러운 것이 이상하지 않습니까?

교수2: 데모의 주도권이 이동했나보죠. 그것도 인권에서 우권牛權으로. 진일보한 것 아니겠습니까?

교수1: 이러다 한국이 세계 최고의 우권국가가 되는 것은 아닐까요?

교수2: 최고 좋아하다 최하가 되는 기록이 되지는 않을는지.

교수1: 오늘이 6.10 항쟁 기념일인데 괜찮을는지 모르겠습니다.

교수2: 질서를 뒤집는 것이 질서를 지키는 전통보다 우세한 것이 과연 좋을는지?

교수1: 백만 개의 촛불이 현 정부의 항복을 받아낼 수 있을까요?

교수2: 이미 두 손 들었는데 더 높이 손을 올리라는 요구가 무엇을 의미할지?

교수1: 72시가 끝났는데도 꺼질 줄 모르는 촛불. 우리 모두 괜찮은 것일까요?

교수2: 촛불 꺼진 73시가 더 걱정입니다.　　　　　2008. 6. 10

소는 나의 운명

↳ 생떼보다는 나은 것이 소떼인데, 동서남북이 막힌
느낌이라 답답하기만 합니다.

교수1: 전깃불이 있는데 왜 걸핏하면 촛불을 들고 모이는지 모르
겠네요.

교수2: 세상이 어두운가 보죠.

교수1: 국민의 지지를 받아 벌떡 일어섰던 정부가 TV에서 본 광
우처럼 비틀거리다니.

교수2: 국민을 섬기겠다던 정부의 대접이 국민이 볼 때는 못마땅
한 것이 아닐까요?

교수1: 왠지 찜찜한 고기를 상 위에 올려놓겠다고 해서인가요?

교수2: 청와대 조각 밥상을 워낙 호사스럽게 차리다보니, 국민은
하루아침에 부자의 밥상에서 떨어지는 빵 부스러기를 주워먹
는 라자루스로 바뀐거죠.

교수1: 그럼 사태의 본질은 국민들 불만이지, 미국산 쇠고기 안전
성이 아니군요?

교수2: 세계에서 가장 안전한 나라가 세계에서 가장 불안한 쇠고기를 생산한다는 것이 말이 됩니까. 쇠고기 테러를 일으킬 작정이라면 몰라도.

교수1: 의도야 어떻던, 그렇게 느끼면 그것이 현실 아니겠습니까?

교수2: 느낌이 지배하는 사회는 너무 출렁이니까 문제죠. 촛불처럼 흔들리거나.

교수1: 바람이 불지 말기만을 기도해야 하겠군요.

교수2: 바람이 불어도 끄덕 없이 묵묵히 걸어가는 소 같은 사회를 만들어야지요.

교수1: 소가 사람을 보고 뭐라고 할까요?

교수2: 자기 병을 걱정해 줘서 고맙다고 하지는 않을 겁니다.

교수1: 살아서는 일해주고 죽어서는 고기주고. 이제는 병까지도.

교수2: 약만 빼고는 다 준 셈이죠.

교수1: 이제는 먹어주는 것도 고마워해야 하나요?

교수2: 그래서 소의 일생이 기구한 것 아니겠습니까?

교수1: 소의 평균 수명이 그렇게 짧은 줄 몰랐습니다. 대부분이 20개월 밖에 못살다니. 장수하면 30개월이고.

교수2: 그러니 백년을 사는 인간이 소를 이해할 수가 있겠습니까? 잡아먹을 줄이나 알지.

교수1: 차라리 대한민국 사람들을 힌두교도로 만들면 어떨까요? 광화문 대로를 시바와 비슈누가 활보하도록 하는 것 말입니다.

교수2: 소떼가 아니고요?

교수1: 북으로 가는 길이 막혔으니 소떼는 당분간 힘들겠죠.

교수2: 생떼보다는 나은 것이 소떼인데, 동서남북이 막힌 느낌이라 답답하기만 합니다.

교수1: 이명박 정권이 명쾌하고 박력 있을 줄 알았는데, 하는 일마다 경박하기만 하니.

교수2: 심자마자 열매 맺는 나무가 어디 있습니까?

교수1: 그럼 꽃이라도 제대로 펴야지요.

교수2: 바람이 드세니 꽃잎이 마른 밥풀떼기처럼 날아가 버리지 않습니까? 벌써 다 져버린 철쭉 좀 보세요. 소를 잡아먹을 생각만 하지 말고 그 인내심을 배울 필요가 있지 않을까요?

교수1: 정부가 소걸음 대신 빨리 가려다 이렇게 된 것 아닙니까?

교수2: 소보다 빨리 가라고 뽑아준 것 아닙니까? 그런데 계속 브레이크만 밟으려드니.

교수1: 그래서 운하는 파기도 전에 메워져 버리고.

교수2: 광우병으로 미쳐버리기 전에 속상해서 미쳐버리죠. "소는 나의 운명" 이런 영화 제목 어떨까요?

교수1: 인권이 중요하면 우권도 중요하겠죠?

교수2: 그런데 그 소리가 없으니 이상하다는 것 아닙니까? 소는 병만 중요하고 죽는 것은 아무렇지도 않으니. 바야흐로 죽어도 건강하게 죽어야 하는 시대가 온 것 같습니다. 2008. 5. 25

역사^{逆史}

그래서 대한민국은 자신도 모르는 사이에
대항민국이 되고 역사는 거꾸로 거스르는 물줄기, 즉
逆史가 되는 거지

학생: 손에 책을 잡는 것은 왜 이다지 어색한지 모르겠습니다. 오
른손잡이가 왼손으로 악수하는 기분이랄까?

교수: 어쩌면 당연하지. 베이징 올림픽의 한여름 밤의 꿈에서 깨
어났으니.

학생: 눈뜨고 깨어나 보니 스포츠만 빼놓고 모든 것이 예선 탈락
인 것만 같습니다.

교수: 마음의 운동이 부족하거나 과다해서 빚어지는 현상이지.

학생: 국회가 몇 달이나 열리지 않는 것은 학교가 등록금만 받고
개강하지 않는 거와 뭐가 다릅니까?

교수: 연초부터 타오르던 촛불이 올림픽 성화가 꺼지니까 이제야
겨우 꺼지는 것도 마음 운동이 과다해서이지. 먹지도 않은 소고
기에 힘을 얻어 마음 속 불안과 불만이 물대포를 향해 한번 크

게 용을 쓴거지.

학생: 이번엔 스님들이 모인다죠?

교수: 세상과 인연을 끊은 스님들이 아직도 세상에 미련이 많은 모양이지.

학생: 세상에 목탁소리가 진동하면 어떻게 되는 것입니까?

교수: 세상이 갑자기 감전이라도 된 듯 감동하리라고 보나? 산사처럼 조용하리라고 보나?

학생: 소음의 풍경소리만 더 커지고 풍진세상 황사만 더욱 자욱할 것 같은데요.

교수: 너그러움이 사라지고 깊은 것은 바닥을 드러내게 되지. 쓰레기가 드러나지 않기 위해서라도 강물은 마르지 않아야 하는데, 인심은 점점 메말라가고 있으니. 자비의 고갈에 대해서도 대비해야 되겠지.

학생: 우리 사회에 무슨 근본적인 문제가 있는 것은 아닐까요?

교수: 사람도 사회도 계속되는 가뭄과 땡볕에 너무 뜨겁게 달구어져 추사불사추秋來不似秋라 가을은 왔는데 가을은 오지 않은 형국이야. 출석은 체크됐는데 사람이 없듯이. 그래서 대한민국은 자신도 모르는 사이에 대항 민국이 되고 역사는 거꾸로 거스르는 물줄기, 즉 역사逆史가 되는 거지.

학생: 저항과 분열을 좋게 볼 수는 없을까요? 분열은 스스로 뭉치기 위한 준비 운동 아닐까요?

교수: KBS도 독립하고 싶고 MBC도 독립하고 싶고 언론마다 독

립하다 보면 방송은 사라지는 거지. 노조만 있는 곳에 회사가 사라지듯이. 차라리 언론이 얼론일 때가 좋았어. 분열과 독립은 늘 동명이인이지. 본명과 가명이 다르고, 이름과 아이디가 다르듯이.

학생: 생존하기 위해서는 단단히 뭉쳐야 하지 않나요? 촛불이 꺼지면 자신들의 존재도 자연히 삭아지는 것 아닙니까?

교수: 그래서 온 나라가 계속 밥과 잠을 설쳐야 한다는 것인가?

학생: 정부가 국민들을 편하게 잠재울 수는 없는 것입니까?

교수: 보다 나은 내일을 꿈꾸며 정부를 탄생시킨 것은 바로 국민 아닌가? 낳기만 하고 키우지는 않겠다니? 들고 있는 망치로 부수기만 하고 맞추고 세우지는 않으면 어찌 되는가?

학생: 시대가 시대인지라 인내의 폭이 좁아진 것은 사실인 것 같습니다.

교수: 그러다 보니 歷史는 없고 逆史만 계속되는 것 아닌가?

2008. 8. 5

악취
속의
향기

文
化

신시개파자장음 新詩改罷自長吟
시를 짓고 고치고 홀로 읊는다

언제부터인가 아름답다는 생각과 안타깝다는 생각이 붙어 다닙니다. 봄은 아름답지만 얼마 가지 못하고 삶 역시 아름답지만 점심 시간처럼 짧으니까요. 고민과 해민解悶이 붙어 다닌다니까요.

교수1: 역시 아름다운 계절입니다.

교수2: 아름답다는 생각 외에 딴 생각은 안 드십니까?

교수1: 딴 생각이라니요?

교수2: 저는 언제부터인가 아름답다는 생각과 안타깝다는 생각이 붙어 다닙니다. 봄은 아름답지만 얼마 가지 못하고 삶 역시 아름답지만 점심시간처럼 짧으니까요. 고민과 해민解悶이 붙어 다닌다니까요.

교수1: 그래서 무슨 일이 재미있으면 있을수록 불안하고 우울해지는 것일까요? 나는 새를 보면 왠지 허전해지는 걸까요?

교수2: 저 산허리에 핀 진달래 좀 보십시오. 그야말로 산청화욕연

山靑花慾燃이 아닙니까?

교수1: 푸른 산 속에 붉게 타오르고 싶어 하는 꽃이라— 겨우내 동면했던 시를 자극하는군요.

교수2: 아직도 그 뿌리가 살아있다면 바위에 앉아 우리의 별볼일 없는 시를 구름 위에 몇 자 적어보는 것이 어떻겠습니까?

교수1: 좋죠. 신시개파자장음新詩改罷自長吟하는 것처럼 재미있는 것도 없으니까. 그럼 시작하죠.

교수2: 산 위에서 내려다본 세상 한 폭의 그림인데

교수1: 희로애락의 오색물감 기막힌 조화로다.

교수2: 오늘따라 솔개는 하늘 높이 날아 오르고

교수1: 시골집 앞마당엔 병아리떼 눈부시다.

교수2: 그러나 마음은 왜 이리도 허전한가?

교수1: 한번 준 마음 찾을 길 막막해라.

교수2: 그대는 어느 마을 어느 그림 속을 헤매는가?

교수1: 추억의 뒷골목을 돌아오려 더디는가?

교수2: 그대를 놀라게 했던 휘파람 소리 아직도 젊은데

교수1: 사람은 그 소리보다도 더 빨리 늙어 버리네.

교수2: 그대도 때로는 나를 생각하시는가?

교수1: 미풍에 나뭇가지 소리없이 흔들리네.

교수1: 잠깐! 우리 시가 너무 신파조로 나가는 것 아닙니까?

교수2: 블루스가 싫으시다면 테크노로 나가 보는 것이. 민주당이 싫으면 무소속으로라도 나가 보던가?

교수1: 주가가 올랐다고 현기증이 웬 말이냐?

교수2: 어지럽구나, 지팡이에 기대 내려다 본 세상이.

교수1: 화투판처럼 펼쳐진 도심을

교수2: 달리는 차들이 고스톱 하누나.

교수1: 선거바람이 봄바람을 밀어 제치니,

교수2: 금년은 여름이 빨리 오나보네 그려.

교수1: 제비야 물어보자 강남 사정을.

교수2: 열대도 우리보다 무덥지는 않겠지?

교수1: 반도는 이리저리 섬이 되어 멀어지고,

교수2: 머지 않아 제주도도 외롭지 않겠구나.　　　　2000. 3. 25

연애론

➯ 제비와 사람을 구분하지 못하고 껴안고 돌아가니
집안이 제대로 될 리 있겠느냐 말이다.

학생: 교수님! 오늘 바깥 날씨가 황홀한데, 질문을 하나 해도 좋
겠습니까? 주관식 문제인데, 연애는 하는 것이 좋습니까 아니
면?

교수: 주관식이 주입식보다 낫기는 하지만, 그러나 그 질문은 오
히려 객관식 같은데? 연애는 ①하는 것이 좋다. ②하지 않는 것
이 좋다. ③눈치 보면서 적당히 한다. ④결혼을 전제로 한다면
바람직하다. ⑤해도 좋고 안 해도 좋다. 어느 것이 과연 정답일
것 같은가? 연애를 하고 싶은 사람은 누가 뭐래도 ①번을 고를
것이요. 자신이 없거나 가슴 아픈 경험이 있는 사람은 어차피
②번을 선택할 것 아닌가? 소심한 사람은 ③번을 택할 것이고,
현실적인 사람은 ④번을, 성격이 느긋하고 태평한 자는 ⑤번을
찍겠지. 안 그런가?

　그러나 이 객관식의 문제는 정답이 없다는 것, 아시는지 모

르시는지? 정답이 없다니 무슨 소리냐고 물으신다면 눈물에 무슨 씨앗이 있겠느냐고 대답을 할까 노래를 할까? 연애를 하라 그러면 후회할 것이다. 연애를 하지 말라 그래도 후회할 것이다. 키엘케골도 틀림없이 그렇게 대답할 거야. 콜록콜록 키엘케골 하면서.

학생: 어차피 후회할 바에야 일을 저지르고서 후회하는 것이 낫겠군요?

교수: 못해 봤으면 한번쯤 해 볼만한 것이 후회지. 그런데 자네 질문은 연애였지 후회가 아니지 않는가?

학생: 불타는 가슴의 책장을 펼치게 해 주십시오. 날씨가 눈부시니까 역사 공부에도 지장이 있는 것 같습니다.

교수: 한국 역사를 한국 엿사로, 그것을 다시 한국 연애사로 용도 변경하면 될 것 아닌가? 역사는 인간의 문제를 다루면서도 인생에서 가장 중요한 연애의 역사를 야사에만 미룬 채 소홀히 다루어 왔어. 학교에서 강의 시간에 연애의 중요성에 대해 들어 본 적 있나? 결혼과 가정의 초석이자 추억의 중앙무대를 차지하는 연애를 외면함으로써 한국 교육은 부실해졌을 뿐만 아니라 사회의 윤리와 도덕 또한 폭락하고 말았지. 가정주부들이 봄바람에 춤바람이나 치맛바람을 일으키며 대낮에 무도장에 몰려들어 혼탁하게 돌아가는 이유가 어디 있다고 보는가? 제대로 된 연애를 한 번도 해보지 못해 한이 져서 그런 것은 아닐까? 죽어도 좋다는 심정으로 거기에 가서 흐느적대고 있으니, 이 나

라 이 사회의 꼴이 뭐며, 그렇게 해서 제 짝을 만날 리 만무하니, 어찌 비극이 아니겠는가? 제비와 사람을 구분하지 못하고 껴안고 돌아가니 집안이 제대로 될 리 있겠느냐 말이다.

연애를 하려면 오비드의 피라무스와 티스베가 있나니 뽕나무에 얽힌 두 연인의 비극적인 사랑을 기억할 것이며, 또한 푸시케와 에로스의 사랑하며, 버질의 서사시에 나오는 이니어스에 대한 다이도의 애타는 사랑이 심금을 울리는데, 구태여 신화가 아니더라도 신화를 창조한 베아트리체에 대한 단테의 사랑이 감동적이고, 그의 지옥에서 구천을 떠도는 프란체스카와 파올로, 중세 로맨스에 나오는 아서 왕의 왕비 귀네비어와 그녀의 기사 랜슬롯의 애절한 불륜의 사랑, 쵸서가 노래한 트로이러스와 크리세이드, 셰익스피어의 로미오와 줄리엣, 아 말해서 더 무엇하리요? 그런 연애를 하고 싶다면, 연애는 하는 것이 좋고, 또 해야 할 것만 같은데, 너무 어렵고 복잡해 별로 생각들이 없는 모양이구먼. 그럼 계속 수업이나 할까?   1998. 4. 10

계룡편 溪龍篇

↯ 동동주가 흐르는 계곡, 한마디로 좋았습니다. 세상은 한 접시 빈대떡이요, 파전이었습니다.

교수1: 그래, 간 것은 어떻게 됐습니까?

교수2: 테니스 하러 간 것이 축구를 한 꼴이 되고 말았습니다. 5대 0까지는 안 갔지만, 그래도 부상만은 입지 않았습니다. 전술 부족에다 역부족이 문제를 복잡하게 만들었습니다. 맨날 공만 친 교수들하고 상대가 돼야 말이죠. 그들은 공만 치고 우리는 공치고.

교수1: 그럼 힘도 못써 보고 퇴출이라도 당했단 말입니까?

교수2: 퇴출을 당하고 싶어도 주룩주룩 내리는 장대비가 퇴출을 시켜줘야 말이죠.

교수1: 비가 내렸다면 어등산 황룡들이 힘을 쓸 만도 한데.

교수2: 물론 힘도 쓰고 용도 썼죠. 그래서 우리 황룡들이 한밭의 계룡들과 어울려 여의주를 희롱하지 않았겠습니까? 그 집이 서울집이던가? 번지수는 모르지만 계룡산 기슭에서 윙크로 스매

시를 제일 잘 하는 집이죠. 들어서자마자 순식간에 오빠누나로 가득한 이상한 친척집을 만들지 않았겠습니까?

교수1: 패배의 아픔을 그렇게 씻었군요.

교수2: 동동주가 흐르는 계곡, 한마디로 좋았습니다. 세상은 한 접시 빈대떡이요, 파전이었습니다. 무더운 냉가슴에 푹 삶은 실파가 갑자기 허리를 펴고 되살아나는 것 같았습니다. 지금도 된장에 박힌 풋고추가 어른거립니다. 어데론가 사라졌던 풍류가 되돌아오고, 젓가락은 두들기지 않았지만 잔과 잔이 부딪히는 소리는 결코 잔잔하지는 않았습니다. 그것은 저녁 무렵 먼 바닷가 어둠 섞인 밀물이 들이닥치는 소리와도 같았습니다. 어둥산 황룡이 갑자기 여의주를 찾게 되니 클레이 코트에서 떨어지지 않던 발걸음이 왜 그리도 경쾌하던지, 그러나 말걸음이 더 빨랐습니다.

교수1: 정말 신나는 한판 승부였겠군요.

교수2: 끝나고 나면 모두 허무하기만한 승부지만, 그 순간만은 칼로 물을 베면 잘도 갈라졌습니다.

교수1: 알 것 같습니다. 이제야 이해가 갑니다. 왜들 테니스를 하는지.

교수2: 테니스를 하면 나이테가 줄어들죠. 맨날 부상이 아니면 퇴장만 당하는 축구하고는 다르죠. 앞으로는 차라리 족구로 인수합병하는 것이 나을 것입니다. 족구하면 호남대학 학생들도 더러 희망이 있죠. 걸핏하면 주차한 내 차를 망가트려 놓으니까.

동동주도 따라 마실 수 없는 컵, 차라리 잊는 것이 속 편합니다. 밤새고, 김새고 속까지 상하니 그런 운동이 또 어디 있더란 말입니까? 머리도 모자라고 발도 모자라니, 이제 우리 나라는 어디로 갈 것입니까?

교수1: 그러면 팔을 유난히 많이 쓰는 테니스로 나가야 한다는 말씀인가요?

교수2: 테니스도 테니스지만 그 후가 아니면 사후를 생각해야겠지요. 잔을 들어 올릴 수 있는 생명력 있는 완력을 키워야 된다는 것입니다. 그래서 나 같은 사람도 계룡산 물줄기를 거뜬히 끌어당긴다는 것 아닙니까?

교수1: 음주예찬으로 가사가 바뀌면 사람들이 이상하게 생각하지 않을까요?

교수2: 음주라니요? 계곡의 맑은 물을 들이키는 것도 음주입니까? 맛과 멋, 그것은 삶의 양식이요, 양념입니다. 우리는 늘 빛과 소금이 없는 음식을 먹으며 살고 있지 않습니까? 먹고 마시는 것으로 연결되지 않는 운동도 운동입니까? 축구는 지고 경제는 깔아지는 이유가 무엇입니까? 돌고 도는 흐름이 막혀서인 것입니다. 막힌 것의 물꼬를 터주는 것이 교육이요, 정치요, 경영인 것입니다. 이번 98년도 전국 교수테니스 대회에서 지기는 했지만 마음으로 이기고 돌아온 사람들은 우리밖에 없을 것입니다. 이를 계기로 물이 말라 멈춘 삶의 물레방아를 몇 바퀴 더 돌릴 수 있을 것입니다.

1998. 6. 25

당신이 나의 키스를 잊었다면

한 사람만을 사랑한다는 것은 오직 한 자루 촛불로 수많은 밤을 지새겠다는 것과 같지 않은가?

 교수님, 옛날 이야기 좀 해주세요.

 맨날 이야기? 수업은 어떻게 하고? 어릴 적에 화살 하나를 허공에 높이 쏘았지. 미사일도 로케트도 없을 시절에 말야. 어디엔가 떨어졌을 텐데 찾지를 못했지. 먼 훗날, 마치 오늘과 같은 어느 가을날, 나는 뜻밖에도 그 화살을 발견했지. 부러지지도 않고 참나무에 박혀 있는 것을. 그녀의 가슴 속 깊은 곳에 흥분의 전율을 그대로 간직한 채로.

어릴 적에 집 앞 시냇물 위에 조그만 종이배를 띄웠지. 그리고 반짝이는 물결 속에 그것을 잃어버리고 말았지. 그런데 몇 십년 후 그 배가 갈매기의 환호성을 받으면서 뉴욕 허드슨 강 조지 워싱턴 다리 아래로 들어오지 않는가? 종이 갑판에 약간의 잉크만 번졌을 뿐 옛 모습 그대로, 사랑하는 이의 가슴으로 그리움의 항구로 아련히 눈부시게 들어서는 거야. 그것은 또 다른 화살이었어.

학생: 무슨 뜻인지 잘 모르겠는데요.

교수: 창밖을 내다 보라. 어등산 자락에 잔디가 파란 무덤 네 개가 나란히 있지? 무덤들의 집이 얼마나 아담한지 아침 햇살이 포근한 양지를 만들 때면 문득 그들 속에 끼고 싶을 때가 있지. 눈 감고 누워서 무슨 할 얘기가 그리도 많은지, 에워싼 나무들도 웃으면서 입술이 파랄 때까지 따라서 웃지. 너희들의 벌레 입술이 옛이야기를 부르짖고 있는 동안.

학생: 그런 이야기 말고요, 쉬운 걸로 해주세요.

교수: 사랑은 모든 것을 정복해버리나니, 우리 또한 사랑에 항복합시다. Omnia vincit Amor; et nos cedemus Amori. 그러나 한 사람만을 사랑한다는 것은 오직 한 자루 촛불로 수많은 밤을 지새겠다는 것과 같지 않은가?

학생: 이제 뭔가 좀 통하는 것 같네요. 그래서요?

교수: 나는 지독하게 미워하고 나는 지독하게 사랑한다. 왜 그런지 그대는 묻고 싶겠지? 나도 몰라, 다만 나는 느낄 뿐. 나는 괴로울 뿐이야. Odi et amo. Quare id faciam, fortasse requiris. Nescio; sed fieri sentio et excrucior.

학생: 꼭 무슨 과거가 있으신 분 같아요.

교수: 미래는 없어도 과거는 있지. 거의 누구나. 계절이 몇 번만 더 바뀌어 봐라. 과거는 과거도 아니야. 영원한 현재지. 과거는 깊은 바다이고 미래는 높은 하늘이 아니던가? 걸핏하면 회한의

바다에 몸을 던지누나. 산타야나의 말이던가? 과거를 기억하지
못하는 자는 그것을 반복하는 저주를 받게 된다고.
학생: 기억하고 싶지 않은 과거가 있다면요?
교수: 잊으면 되지. 당신이 나의 키스를 잊었다면, 나는 당신의
이름을 잊으리. 그 저주스런 이름을. 그러면 되지. 아닌가? 이
야기, 화살, 노래, 사랑, 미움, 과거, 미래, 반복, 저주, 키스, 수
업 끝.

1998. 9. 25

가을밤에 울부짖는 여름 모기

⬎ 마지막 피를 빨고 그 빨아올린 피를 토하며 전사할 때 그때가 한밤중이었더라.

학생: 교수님, 별로 안색이 안 좋으신 것 같네요.

교수: 가을밤에 울부짖는 여름 모기 때문이겠지.

학생: 가을이 깊어 가는데 모기라뇨?

교수: 수업 시간에 시내 어디 노래방에 앉아있는 학생하고 어딘가 닮은 친구말야.

학생: 그렇다고 교수님 안색이 내장산처럼 노랗게 단풍해서야 되겠습니까?

교수: 피곤과 나이 앞에서야 녹음이 나른하고 잎과 날개가 하강하는 것이 당연하지 않는가? 어느 날 갑자기 여름이 환절한 것을 깨달은 모기가, 그것도 추석 달이 환한 한밤중에 하루살이의 허무함을 견딜 수가 없었던지, 잉잉잉잉 앵앵앵앵 계속 요란한 사이렌 소리를 울리면서 바로 코앞에서 스톱 소리도 뒤로 한 채 떠나가버린 여름을 맨발로 따라가면서 울부짖으면서 그래

도 보이는 것이 없자 순식간에 잠에 취한 순결한 내 다리와 이마에 무차별 침을 찌르는데, 한의사 면허도 없는 친구인지라 침을 맞자마자 가렵고 부풀어 오르고 그 부작용이 말도 못하는데, 그 중에서 잠 안 오는 것이 제일 고역이었지.

학생: 그래서 그 모기를 어떻게 했습니까?

교수: 비록 적이긴 하지만 그는 용감한 전사였어. 밤새도록 우리는 성전을 치뤘는데, 아침까지도 무승부였어. 내가 아예 이불을 뒤집어쓰고 결사항전하자 몇 번 더 공격을 시도하더니만 새벽닭이 울자 귀신처럼 사라지고 말았지. 그때 쯤은 서로가 지친나머지 이신전심으로 휴전이 성립되었는데, 오늘밤 다시 전투가 치열할 거야.

학생: 그럼 오늘밤은 아예 기습을 대비해 전투준비를 마치셨나요? 대포동이나 노동 1호를 배치하고.

교수: 그 용감무쌍한 독불장군, 한밤중의 영웅과 일전이 불가피하겠지. 선택의 여지가 없지 않은가, 눈을 붙이기 위해서는, 뜬 눈에 검은 커튼을 치기 위해서는. 잠을 자기 위해서는 잠잠하게 만들어야 되겠지. 키플링의 시처럼 "전투의 함성도, 고함 소리도 잦아들고, 제왕과 장수들도 떠나가다." 오늘밤 일전은 피할 수가 없을 거야.

학생: 충혈된 눈에 손바닥에 피를 묻힌 교수님의 모습이 떠오르는 것만 같습니다.

교수: 그 피는 모기의 피이자 나의 피지. 빼앗긴 피를 찾기는 틀

렸지만, 모기에게 헌혈을 하다니. 그것도 억지로 말야. 적십자
사가 뭐라고 하겠어?

^{학생:} 그럼 그 모기 장군의 비문을 미리 준비해 두는 것은 어떨는
지요?

^{교수:} 그것도 나쁘지는 않겠지. 이 정고마비情高痲痺의 계절에 어
울리는 발상이야. 모기 용사의 비문:

누구의 자손인지는 알 수 없으나 용맹은 남이요, 충절은 김덕령
이라, 어쩌다 시절을 잘못 만나 가을을 여름인 줄 알고 태어났더
라. 마침내 때가 이르러 한 많은 생을 마감할 때 일찍이 고금에
보지 못한 용맹과 투혼을 발휘하고 장렬한 최후를 맞으니 그의
적조차도 감동하였더라. 마지막 피를 빨고 그 빨아올린 피를 토
하며 전사할 때 그때가 한밤중이었더라. 이제 영원한 한밤중인
저 세상에서 소리 없이 잠드시라.   1998. 10. 10

가랑잎 교수

존재의 한을 존재의 멋으로 승화시키는 것, 그것이야
말로 문제요, 정답이지. 가을바람에 부대끼는 가랑잎
교수, 보기에 좋았더라.

학생: 연구실이 너무 조용한 것 같아요.

교수: 가을이 가득하니까.

학생: 교수님은 요즘 무슨 책을 읽으세요?

교수: 구름을 읽기도 하고 때로는 낙엽을 읽기도 하지. 눈이 피곤
해지면 잠시 감기도 하고, 그러다가 잠들기도 하고, 깨어나서는
다시 살아난 것이 신기하기만 해 집에다 전화도 하고. 그래 너
는 무슨 책을 읽지?

학생: 저는 아무 것도 안 읽어요. 왠지 책이 싫어요. 나를 가르치
고 지배하려고만 드니까. 글자가 벌레보다도 끔찍하고 싫을 때
가 있거든요. 때로는 내 눈을 파먹는 것만 같아요.

교수: 그 정도면 좋을 리는 없겠지. 그러면 시험이 다가오면 어떻
게 하지?

학생: 시험이 다가오면 마치 운명이 다가오는 것만 같아요. 운명이 어떻게 생겼는지는 모르지만, 왠지 끔찍하고 섬뜩한 느낌을 주는 것 같아요. 그러면 나도 몰래 온몸이 힘이 새고, 시커먼 터널이 떠오르곤 해요. 마치 탄광 속으로 들어가는 것 같은 기분 말예요. 지하 2백 미터, 무덤보다 더 깊은 그 어느 곳으로 서서히 내려가는 기분, 한마디로 무서워요. 교수님은 시험을 좋아하세요?

교수: 시험 본 지가 오래되어 때로는 시험을 보고 싶기도 해. 피할 수 없다면 힘껏 껴안는 것이 내 스타일이지. 달아나는 것은 내 장기가 아니야. 애틀란타와 같은 금발의 미녀와 함께 달린다면 몰라도. 나는 그녀의 눈부신 발걸음 앞에 황금 사과를 던질 거야. 그녀가 그것을 집는 순간 나는 그녀를 따라잡을 수 있을 테니까. 그녀를 데리고 저 먼 지중해로 갈 거야. 눈부신 파도가 우글거리는 칼립소가 오디세우스를 기다리는 요정의 섬으로 사이렌이 노래하는 곳으로.

학생: 교수님, 그런 곳은 없잖아요?

교수: 찾지 않으니까 없겠지. 찾으면 나타나는 세계, 나는 늘 그것에 반하고 있어.

학생: 지금 교수님에게는 무슨 세계가 있는데요?

교수: 그 세계는 다 화려한 것만은 아냐. 때로는 한복이 잘 어울리는 것처럼, 기분에 따라서는 가랑잎 속에서 대자연의 발레를 보기도 하고 침묵과 한숨의 멜로디를 듣기도 하지. 조금 전 가

랑잎은 내게 다가오는 겨울을 소개하고 있었지. 금년 겨울은 지독한 녀석이 온다고. 흰 눈의 거인과 눈보라의 백발 미인이 북극의 해변을 걷고 있다던가. 지금 이들은 흰곰의 머리를 쓰다듬으면서 달리는 순록의 뿔들을 엉키게 만들고 있어.재미있는 친구들이지. 그러나 나는 나의 세계가 따로 있어, 허공에 가랑잎을 타고 바람의 옷깃을 잡으며 스키를 타는 기분, 가을은 반드시 우울할 필요는 없어. 시험이 반드시 힘들어야 할 이유가 없는 것처럼. 살아 숨쉬는 것 하나만으로 우리는 합격이요, 정답의 세계 한 가운데에 있는 거야. 존재의 한을 존재의 멋으로 승화시키는 것, 그것이야말로 문제요, 정답이지. 가을바람에 부대끼는 가랑잎 교수, 보기에 좋았더라.   1998. 10. 25

존재의 이유

 정답은 오늘도 고통의 집에 머물고 있으니, 진정
마음고생을 한다면 쉽게 찾을 수 있지 않겠느냐?

학생: 존재의 이유를 모르겠습니다.

교수: 좋아하는 여학생이 없다는 뜻인가? 그럼 이유의 존재는?

학생: 존재의 이유를 모르는데 어떻게 이유의 존재를 알겠습니까?

교수: 그럼 애인도 없고 애인이 없는 이유도 모르겠구먼.

학생: 교수님이 어떻게 좀 하셔야 되는 것 아닙니까? 복지관만 있
으면 뭐 하겠습니까? 함께 가서 커피 마시면서 깨를 털 짝이 없
는 것을. 학생의 진정한 복지는 학교만 오면 모든 고민과 고독
에서 해방될 때 완성되지 않을까요?

교수: 중매는 내 전공이 아니야.

학생: 복지부동이시군요.

교수: 학생이 교수의 상전이란 뜻인가? 그렇다면 소신을 가지고
복지부동해야지.

학생: 연애에 진도가 안 나가는 학생의 참담함을 덜어주기 위해,

그의 정신건강을 위해, 좀더 개혁적이 되어주실 수는 없으신지
요?

교수: 존재의 이유에 대해 다시 정의를 내려야겠구먼. 교수는 존
재의 이유를 모르는 학생을 위해 존재한다. 얼핏 아흔아홉 마리
양보다 잃어버린 한 마리를 위해서 존재하는 것과 비슷하게 들
리기도 하는데, 헷갈리게 만드는 학생 앞에서 헷갈리는 교수가
되는가보다.

학생: 교수님도 고민을 좀 하셔야죠.

교수: 고민이 없어서 고민인 교수도 있다더냐. 교수는 교수의 걱
정을 해야지.

학생: 그럼 학생에겐 별로 도움이 안 되지 않습니까?

교수: 도움이 안 되다니? 부정적 사고가 인이 박혔구나. 생각하는
것마다 부정적이니, 정부를 부정하는 일도 그만하면 싫증날 때
도 되었건만.

학생: 부정적인 세상을 부정적으로 보는 것이야말로 긍정적인 것
아닐까요?

교수: 보다 긍정적인 세계를 창출한다면야. 그러나 제로에 제로
를 더하면 늘어나는 것은 제로와 재 밖에 더 있겠느냐? 부정에
부정을 더하는 것도 좋다만 아무리 껴입어도 더워지지 않는 것
이 그것이니라. 차라리 젊음으로 체온을 유지하는 것이 겹겹이
껴입어 이와 빈대를 키우는 것보다 나으리라.

학생: 세상이 너무 삭막합니다. 용도 없는 황룡강 강바람은 차갑

기만 하고, 잿빛 하늘과 콘크리트 언 길은 내 존재를 지워버릴 것만 같은데, 교수님, 존재의 이유가 무엇인지, 이유의 존재가 무엇인지 정말 모르겠습니다. 정답이 있으면 제발 유출 좀 해주십시오.

교수: 정답은 오늘도 고통의 집에 머물고 있으니, 진정 마음고생을 한다면 쉽게 찾을 수 있지 않겠느냐? 끈질기게 매달려 보거라, 마지막 잎새처럼. 멀리서 봄이 몸 풀 준비를 하면 그만 떨어져 줄 여유도 가지면서. 봄이 오면 새싹과 녹음으로 다시 태어나면 되지 않는가?

정답은 항상 답답하게 기다리고 있으면 오는 것이야. 호남대학 스쿨버스처럼. 그렇다고 답답해지라는 소리는 아니고. 벌써 겨울이 성큼 다가오고 있어. 이 거인과 싸울 준비를 해야지. 존재의 이유에 대한 푸념 갖고는 겨울의 서릿발을 녹일 수 없으리. 존재는 그 자체가 이유야. 존재가 빛이라면 이유는 그림자지. 귓속에 방파제가 있어 이런 말거품이 흘러들리 없겠지만 그렇다고 흘려듣지 말고. 역시 존재의 이유는 있어. 그러기에 네가 있음으로 내가 있는 거야, 노래할 날이 올 거야. **1998. 11. 25**

토생전

➥ 도대체 우리가 누구입니까? 달나라에까지 가서
계수나무 아래에서 떡방아를 찧은 가문이 아닙니까?
그런데 인간은 이 역사적인 사건을 기술함에 있어서
황당하게도 『별주부전』이라 해놓았습니다.

별주부: 금년은 선생의 해가 아닙니까? 하례를 드립니다.

토생원: 별주부께서도 좋은 해가 되시기를. 특히 건강에 각별히 힘
을 쓰셔야 할 것입니다.

별주부: 요즈음은 좋은 간장약이 나와서 특별히 토선생의 도움을
필요로 하지 않으니 염려하지 않으셔도 좋을 것입니다.

토생원: 그 말을 들으니 귀가 쫑긋 서는 것 같습니다. 그러나 약藥
과 병病의 경주를 관전해 본 바로는 병이 늘 한 발 앞서 가니 어
찌 염려가 안 되겠습니까? 어찌 약뿐이겠습니까? 내 빠른 두 다
리로도 병의 질주를 따라잡기가 힘듭니다. 그러나 저러나 사촌
되시는 귀龜주부께서는 잘 계십니까?

별주부: 여전히 역사 공부에 두문불출 몰두하고 계시지요. 듣기로

는 가문의 역사를 집필하고 있다는데, 상당히 궁금해지기까지 합니다.

토생원: 귀씨 가문의 역사라면?

별주부: 귀씨들은 원래 영물로서 길고 찬란한 역사를 가지고 있지 않습니까? 인간의 역사를 살펴보십시오. 얼마나 자주 귀씨들이 등장하는지? 인간이 물에 빠지면 업어서 용왕님께 데려가 치료를 받게 해줬고, 병들어 죽어 가면 살신성인의 도리를 다해 인간을 회생시켰습니다. 임진왜란 때는 이순신 장군에게 영감과 애국심을 불어넣어 바다에 침몰하는 나라를 구했고, 인간의 염원인 장수의 상징으로 고관대작에서 일개 하찮은 평민에 이르기까지 안방의 병풍을 주름잡았습니다. 그러나 역시 하이라이트는 일찍이 서구의 대문호인 이솝도 언급한 바 있지만, 저 유명한 토씨들과의 경주입니다. 자신의 빠른 발과 영특한 꾀를 과신한 토끼에 맞서 죽을 힘을 다해 사투한 끝에 장시간의 마라톤에서 우승한 사건 말입니다. 선생 앞에서는 이런 말하기는 좀 민망합니다만, 아무튼 좀더 학문적인 것은 삼국유사나 해동역사 같은 데 자세히 나와 있습니다.

토생원: 동의보감이나 의방유취, 향약집성방에도 나와 있겠죠. 듣고 보니 그런 현란한 역사가 있었군요. 아무튼 지루하지 않아서 좋은 것 같습니다. 그런데 한 가지 빼놓은 것이 있는 것 같습니다.

별주부: 그것이 무엇인지요?

토생원: 말씀드리기 민망하군요.

별주부: 무엇인데 그러십니까? 역사에 빠진 것이 있어서야 되겠습니까?

토생원: 옳으신 말씀입니다. 이것은 귀선생의 가문 역사보다 선생의 가문이야기와 직결되는 사건인지라, 자라와 거북이 사촌인 까닭에 함께 논함이 마땅할 것입니다. 우리 토씨들이 꾀가 많은 것은 사실입니다. 꾀가 너무 많아 제 꾀에 속기도 잘하고요. 그래서 가끔은 거북이의 봉이 될 뿐 아니라 그의 사촌인 자라의 밥이 되기도 했죠. 그러나 거기까지는 좋습니다. 문제는 인간들의 토끼에 대한 편견입니다. 대표적인 예가 바로 한국의 고전인 『별주부전』입니다. 이 논란의 대상이 되고 있는 문제의 책에 의하면, 토끼는 별주부의 꼬임에 속아 수궁에 들어갔다가 기지를 발휘하여 다시 뭍으로 무사히 돌아올 수가 있었습니다. 당시 약은 꾀를 부리다 바보가 된 자는 토가가 아닌 별주부였습니다. 뿐만 아니라 우리 토씨들은 별주부의 터무니 없는 야심 때문에 참담한 변을 겪었던 억울한 희생자였습니다. 도대체 우리가 누구입니까? 달나라에까지 가서 계수나무 아래에서 떡방아를 찧은 가문이 아닙니까? 그런데 인간은 이 역사적인 사건을 기술함에 있어서 황당하게도 『별주부전』이라 해놓았습니다. 물론 더러 양심적인 사람들은 『토생전』이라 바로 잡은 것도 있기는 하지만, 인간의 이 같은 왜곡된 시각은 한국 역사에 가장 커다란 아쉬움으로 남는다 하지 않을 수 없습니다.

별주부: 듣고 보니 일리가 있는 것도 같습니다. 기묘년에 기묘한

역사의 처진 귀를 바로 세워야겠군요. 우리 가문의 역사는 엉망
이 될망정. 문제가 있으면 결코 목을 옴추려서는 안 됩니다.

토생원: 이 문제를 두고 껑충 뛸 것인지 아니면 엉금엉금 길 것인
지 금년에는 해가 짧을 것만 같습니다.   1999. 1. 10

다음 정거장

⇗ "세상은 매일 같이 누군가가 끌려나가 처형당하는
하나의 거대한 감옥"

학생: 교수님, 대체 사는 이유가 뭡니까? 이 엉뚱한 생각에 갇혀
종일 헤어날 수가 없습니다.

교수: 널 괴롭히는 생각을 체포해 끌어내면 되지 않느냐?

학생: 그것을 묶을 밧줄이 없는걸요.

교수: 없다니? 실타래 같은 뭉게구름도 있고, 꽃가지를 휘감는 봄
바람도 있지 않느냐?

학생: 정말인데요. 교수님, 사는 이유가 뭡니까?

교수: 기차가 지나갈 때마다 풍경은 끊어지지만 지나고 보면 묘
하게 다시 이어져 하나가 되나니, 사람이 떠난 후 마지막 홀로
남는 것이 이유가 아닐는지?

학생: 제 마음은 급한데 교수님 말씀은 너무 한가하신 것 같습니다.
이해는 더욱 안가고.

교수: 봄날에는 한가로움이 제격이니라. 멀찌감치 옆으로 비켜서

너희 같은 청춘들이 씨 뿌리는 것을 보면서 말이야.

학생: 저는 지금 씨를 뿌리는 것이 아니라 아예 씨가 마르고 있다니까요.

교수: 그게 바로 씨 뿌리는 것이야. 씨가 별거더냐? 공부가 별거야? 마음이 좀 어수선하고 분주한 것뿐이지. 대개는 피가 마른다고 하는데 너는 씨가 마른다니 재미있구나. 나는 시가 마르는데.

학생: 시대가 가문 까닭이 아니겠습니까?

교수: 가뭄은 원래 태초부터 있었느니라. 홍수의 신랑이 되어. 왜 사느냐는 물음도 그때부터 있었고. 까마귀 울음처럼.

학생: 정답은요?

교수: 종교가 번번이 정답을 내놓았지만, 선생은 그것을 베끼고. 인간은 기억력이 워낙 약한지라. 이 세상과 저 세상의 교통이 더욱 편지해졌지만, 너는 아느냐 처마지붕 걸린 별이 너를 보려고 몇 억만년 헤엄쳐 왔는지?

학생: 그래서 저는 별하고만은 유감이 없습니다. 교수님, 인생은 정말 이렇게 떠내려가다 모두 끝나는 겁니까? 모두 낙화하고 마는 겁니까?

교수: 꽝하고 끝나기보다는 훌쩍거리며 끝날 가능성이 많지.

학생: 어찌 보면 세상은 아름다운 것 같아요. 눈이 시릴 만큼. 순간 순간이 지는 꽃잎 같아요.

교수: 저기 벚꽃들 소풍 가는 것을 보거라. 극락교 건너 공항 가는 길을 걸어가는 저들 말이다. 비행기를 타려는 것일까, 아니

면 저대로 도란도란 속삭이며, 하얀 꽃가루 웃음을 흩날리며 계속 호남대학까지 걸어가려는 것일까? 세상은 아름다운 거지. 어찌 보면 그런 것이 아니고 언제나 아쉽고 아름다운 거지. 문뜩 발칸 반도가 떠오르기는 하다마는.

학생: 지금 코소보에 핀 꽃들은 어떤 모습일까요?

교수: 예전의 그 모습 그대로겠지. 참혹한 학살의 현장 속에서도 자기보다 먼저 시들어버린 인간 꽃들을 말없이 바라 볼 거야. "세상은 매일 같이 누군가가 끌려나가 처형당하는 하나의 거대한 감옥" 월터 럴리던가? "다음 정거장은 북망산" 그것은 내 말이고.
1999. 4. 10

교수님, 뻐꾹!

자기 목소리를 간직한다는 것이 그렇게 힘든 일이었구나.

뻐꾸기: 안녕하세요, 교수님, 뻐꾹!

교수: 어쩐 일이냐, 아침부터?

뻐꾸기: 저 이사 왔어요, 뻐꾹!

교수: 어디로?

뻐꾸기: 교수님 연구실 가까운 어등산 자락으로요. 어등산 오르다 보면 등산로 중간에 왼편으로 열두 번째 소나무 그늘진 단칸방 이 제 집이죠. 문패가 없으니 아마 찾기가 어려우실 거예요.

교수: 어쨌든 잘 됐구나.

뻐꾸기: 잘 되기는요? 해오라기들의 텃세가 심해서 못 살겠어요. 노래도 못하는 주제에 깃털만 세우고 설치는 꼴이라니. 저 같은 조류의 서민들은 그늘에서 목이 쉬도록 노래를 부르면서 주어 진 일과에 여념이 없는데 저들은 구름 속을 날아다니는 것이 고 작이죠. 그것도 정부의 지원과 보호를 받으면서. 정말 저 해오

라기들을 실오라기 하나 남기지 않고 모조리 그냥…… 뻐국!

교수: 이제 보니 질투가 심하구나.

뻐꾸기: 저들의 말투보다는 낫죠. 저 보고 뭐라 하는 줄 아세요? 볼 때마다 어떻게 그늘에서 사냐고 속을 뒤집어 놓는다니까요. 그리고 자기들 따라 햇살 눈부신 황룡강으로 소풍이나 가자고 놀리죠.

교수: 너는 우렁이나 달팽이는 못 먹니?

뻐꾸기: 그런 잡스러운 것들을 먹으면 노래에 지장이 있어요.

교수: 뻐꾹 소리가 삐꺽 소리처럼 들리기라도 한단 말이냐?

뻐꾸기: 노랫소리에서 메아리가 사라지게 되죠. 멀리 있어도 가까이 있는 것처럼 들려야 제대로 된 창인데, 우렁이나 달팽이처럼 답답한 것들을 먹으면 어떻게 되겠어요? 점점 사라져가는 벌레를 삼켜야 절간의 종소리마냥 에밀레 하고 울 수가 있죠.

교수: 자기 목소리를 간직한다는 것이 그렇게 힘든 일이었구나.

뻐꾸기: 뻐꾸기가 되어보지 않고서는 모르죠. 우리가 늘 그늘에서 노래나 부르니까 참 팔자 좋은 한량도 다 있구나 생각하실지 모르지만, 사실 우리처럼 스트레스가 많은 동물도 없을 거예요. 뻐국!

교수: 너희도 등록금 내고 낙제하느냐, 날개 없는 학생마냥?

뻐꾸기: 해오라기들이 떼지어 몰려다니면서 우리 뻐꾸기들을 업신여기는 것이 문제죠. 남이 보기에는 고고한 것 같지만 알고 보면 까마귀 속을 가진 자들이 그들이죠.

교수: 너 역시 번번이 남의 둥지에 알을 낳고 남의 보금자리를 뺏기로 유명하지 않느냐?

뻐꾸기: 숲 속에서 계속 공연을 하다보니 바빠서 남의 집을 잠시 빌린 것 뿐이죠. 겨울이면 늘 집을 비워주지 않습니까? 한여름에 밍크를 걸치고 다니는 해오라기 고관 부인들과는 질적으로 다르죠.

교수: 그럼 너는 지금 무슨 옷을 입고 있느냐?

뻐꾸기: 저야 항상 단벌신사 아닙니까? 노란 블라우스에 회색 연미복 아니겠습니까?

교수: 박수 소리에 놀라는 것도 너고.

뻐꾸기: 저는 침묵이 가장 괴롭습니다. 노래를 하지 않으면 죽을 것만 같습니다. 겨울 동안 목이 잠겨 있다가 봄철에 녹슨 성대로 뻐꾹을 외칠 때 제 그늘진 삶은 절정을 나는 것만 같습니다. 뻐꾹!

교수: 종다리도 우지지고 꿩도 창을 한다고 목청을 혹사시켜보지만 어찌 골짜기 가득 울려 퍼지는 너의 노래에 비기겠느냐?

뻐꾸기: 교수님 감사합니다, 뻐꾹! 오늘도 즐거운 하루 되세요, 뻐국! 오래 오래 사세요, 뻐국, 뻑꾹! 그리고 꾸뻑.　　　　1999. 6. 10

넋만주의

↯ 껴안을 것이 없는 불꽃은 쉽게 타고 쉽게 지더이다. 잿가루의 꽃잎은 떨어지기도 전에 먼저 흩어지더이다.

교수1: 사십 일간 밤낮없이 비가 내려 세상에 불씨가 다 숨 막혀 죽고 단 하나만 남았다면, 그 불씨로 무엇을 하시겠습니까?

교수2: 그거야 우선 불씨의 대부터 이어야 하지 않을까요?

교수1: 세상에 나온지 어느덧 오십 여년, 생명의 심지를 다 태우고 마지막 기름 한 방울이 남았다면 어디에 쓰시겠습니까?

교수2: 여름방학 동안 욥기의 사탄처럼 사해를 두루 둘러보니 세상은 온통 마법에 걸린 듯하여 사는 것이 무엇인지 허무하더이다.

교수1: 메마른 심장을 쥐어짜면 겨우 나오는 기름 한 방울, 마지막 불씨를 찾아야 하지 않겠 습니까?

교수2: 해 저문 20세기, 한바탕 불꽃놀이라도 하게 말입니까?

교수1: 우리의 리듬은 딩까땅이요, 저들의 리듬은 데까당인데, 우산을 함께 쓰고 쏟아지는 불꽃의 비를 맞을 사람이 필요합니다.

교수2: 돌아보면 온 천지가 짝이요 벗인데 무엇이 문제이겠습니까?

교수1: 짝이 있으면 뭐하겠습니까? 짝짝꿍이 없는데, 벗이 있으면 무슨 소용입니까? 서로가 서로를 훌훌 벗어 던지는데.

교수2: 그럼 마지막 불꽃은 어떻게 되는 것입니까?

교수1: 껴안을 것이 없는 불꽃은 쉽게 타고 쉽게 지더이다. 잿가루의 꽃잎은 떨어지기도 전에 먼저 흩어지더이다.

교수2: 사랑이 있으면 잿더미 속에서도 벌떡 일어난다던가요?

교수1: 일어나다 뿐이겠습니까? 구만리 창공을 울면서 날지요. 그 우렁찬 울음소리의 폭음을 들을 수 있다면. 심장이 터지고 간장이 폭파하는 소리이니, 보름달에 깊은 터널을 뚫는 소리이니, 아, 그런 인간의 장엄함이 있다면 말입니다. 아, 우리가 사는 삶은 삶이 아닙니다.

교수2: 이것이 삶이 아니라면 무엇이 삶입니까? 삶은 원래가 그렇고 그런 것 아니었습니까? 우연히 시작해서 싱겁게 끝나는 배고픈 김에 다 끝낼 쯤 싱겁다고 소금 찾는 것이 우리 아닙니까?

교수1: 삶은 끊임없이 펼쳐지는 비단 두루마리여야 할 것입니다. 멀리 푸른 동해가 한 폭의 비단으로 눈앞에 선하게 다가옵니다. 그 비단 바다가 끝나는 곳에 하늘과 흰 구름이 이어지고, 그 이어짐 속에 나도 흑백이 얼룩진 돌고래의 무늬가 되어 번득이고 싶습니다. 이렇게 사는 것은 사는 것이 아닙니다.

교수2: 또 고질적인 낭만주의가 도진 것 아닙니까? 아니 넋만주의던가?

교수1: 서왕모 구름 밭 속에 있는 과수원을 찾아 복숭아 한 개를 입에 넣고 막 사슴이 건너간 개울에 발을 담그다가도 산봉우리의 고독을 함께 나눌 자가 없다면 무슨 소용이 있겠습니까?

교수2: 지금 무슨 말씀을 헤매시는 건지?

교수1: 아무리 미인이 옆에 있어도 마음은 딴 곳에 가 있고, 밤이 깊어도 주고받는 말에 이슬과 달빛이 배지 않으니, 귓가를 스치는 바람이 문득 던지는 말에 온 가슴이 저리는 것만 같습니다.

교수2: 바람이 뭐라고 하는데요?

교수1: 알면 뭐 하겠습니까? 오늘은 남이 못 알아듣는 소리만 하기로 작정한 날입니다.

1999. 8. 25

사랑과 거짓말

↪ 사랑싸움은 미움으로 하는 것이 아니요, 잔잔한
원망으로 하는 것이야.

학생: 그러면 교수님, 옛날 사람들은 사랑을 어떻게 했습니까?

교수: 거짓말로 했지.

학생: 거짓말로요?

교수: 사랑이 거짓말이 임 날 사랑 거짓말이/ 꿈에 와 뵌닷 말이
그 더욱 거짓말이/ 날 같이 잠 아니 오면 어느 꿈에 뵈오리. 꿈
속에 찾아오기로 약속했는데 대낮같이 잠이 안 오니 어찌 그 약
속을 지킬 수 있으리요?

　　이럴 때 거짓말은 정말 거짓말일까? 그러나 거짓말을 하려
거든 이렇게만 하거라.

학생: 그럼 저도 꿈속에서 만나자고 문자를 보내야겠네요?

교수: 너를 위해 잠 못 이루는 사람이 있다면야.

학생: 제 여자 친구는 맨날 졸린다고 하는걸요.

교수: 그럼 맨날 만날 수 있어서 좋겠구나. 그러나 꿈은 부지런해

야 꾸나니. 사랑도 마찬가지고.

학생: 꿈의 용도가 그렇게 다양한지 미처 몰랐습니다. 저도 꿈을 통해 할 수 있는 거짓말을 개발해봐야 할 것 같습니다.

교수: 자주 써먹을 것은 아니니라. 습관적인 상처를 주는 사람치고 잘 된 적이 있다더냐? 매너리즘에 빠진 사람처럼 역겨운 것도 없나니. 사랑이기에 앞서 사람이어야 하느니.

학생: 옛날 사람은 상처를 입으면 어떻게 말했습니까?

교수: 금로에 향진하고 누성이 잔하도록/ 어디 가 있어 뉘 사랑 받치다가/ 월영이 상난간케야 맥받으러 왔나니.

　　방에 있던 향불이 다 타고 물시계 소리도 이제는 지쳐서 다했는데, 그간 밤새도록 어디 가서 무엇 하다가 달그림자가 난간이 올라올 때쯤 나타나 남의 속을 떠보려고 하는가?

학생: 그럼 옛날 사람들은 사랑싸움 같은 것은 안 했습니까?

교수: 그들의 방식이 따로 있다 하지 않느냐? 사랑싸움은 미움으로 하는 것이 아니요, 잔잔한 원망으로 하는 것이야.

학생: 저는 직설적인 것이 더 좋은데요.

교수: 그건 직설이 아니고 각설이지.

학생: 각설이라니요?

교수: 왜 벙거지 눌러쓰고 있지도 않은 오장육부를 전시하면서 돌아다니는 거지 있지 않느냐?

학생: 서로를 떠보다가 몇 년씩 낭비하던 시대는 지나지 않았습니까?

교수: 그렇긴 하다마는, 사랑한다는 거짓말을 어떻게 할 수 있을지 그것이 난감하지 않느냐? 지나가는 감정을 영원한 것으로 미화하는 것이 마음에 걸리는 사람은 차마 못할 것이 그것이 아니냐?

학생: 감정은 다 지나가고 마는 것입니까? 순간의 진실이 있을 수 있지 않습니까?

교수: 그 진실을 믿을 수 있다면야.

학생: 그러면 이 세상에서 사랑은 불가능하지 않습니까?

교수: 이심전심으로 각자의 연꽃 위에 앉아 사랑을 나눌 수 있지 않겠느냐? 흔들리는 마음을 촛불처럼 세우고. 육체와 영혼이 갈라서는 순간부터 장엄하고 엄숙하게. 햇살이 흔들리는 구름 밖으로 터져 나오는 벅찬 환희를 느낄 수 있지 않겠느냐?

1999. 9. 10

저 세상으로 부친 편지

↳ "This is my letter to the world which never wrote to me." – Emily Dickinson

교수1: 《러브 레터》 재미있던가요?

교수2: 글쎄요. 흰 눈과 설탕과 추억을 김치속 버무리듯 잘도 섞어 소금에 시든 배추를 싱싱하게 살려놓았더군요.

교수1: 그러면 오랜만의 부인과의 데이트가 금상첨화였겠군요.

교수2: 전후좌우 여고생들은 덤덤한데 아내만 소리 없이.

교수1: 그래서 어떻게 했습니까?

교수2: 그녀의 눈가에 반짝이는 것을 보고, 군밤을 깨무는 것을 멈추었죠.

교수1: 안 봐도 눈에 선한 것만 같습니다. 아내와의 20세기 마지막 데이트라더니.

교수2: 마지막 해를 어떻게 아름답게 잃어버릴까 하는 것은 모두의 숙제일 것입니다.

교수1: 엘리베이터가 몇 층에 서던가요?

교수2: 아침 출근길에 병원에 바래다주었는데, 그 친구가 책을 읽어줬죠. 교통이 숨 막힐 때 시간의 터널을 뚫거나 마음의 전용 도로를 달리는 데는 최고죠.

교수1: 무슨 책이었습니까?

교수2: 무슨 파리의 택시 운전사라던가? 아내는 내가 안 읽는 책만 골라 읽어주죠.

교수1: 재미있었습니까?

교수2: 재미를 상당히 좋아하시는 것 같군요. 글쎄요. 불란서 사람들이 수학을 좋아하고 높이 평가한다는 이야기인데, 수학을 잘 해야 문학을 잘 한다던가?

교수1: 수학을 잘해야 문학을 잘 하나요? 맞습니까?

교수2: 아뇨.

교수1: 그럼 불란서 사람들이 뭔가 잘못 알고 있는 건가요?

교수2: 아뇨. 택시 운전사죠. 택시 운전을 잘 해야 베스트셀러를 쓰나요? 러브레터를 잘 쓰면 영화를 잘 만듭니까?

교수1: 요즈음 편지와 관련된 영화들이 더러 많은 것 같아요. 케빈 코스트너가 나오는《병 속에 담긴 편지》를 비롯해 심지어 중국 영화까지. 대만에 떠내려 온 편지를 읽고 홍콩으로 찾아가는 이야기 말입니다.

교수2: 현대인의 삶에서 편지가 사라진 까닭이죠. 종이는 사라지고 전파만이 오가고 있지 않습니까? 우리는 종이를 통해 나무로, 나무를 통해 우리의 모태가 되는 대지와 실존으로 돌아갈 수 있

죠. 편지가 늘 향수와 추억을 불러일으키는 것도 그런 이유일는
지도 모르죠.

교수1: 그러고 보니 나 역시 편지를 쓴지가 오래되는 것 같군요.

교수2: 《러브 레터》라는 일본 영화는 어쩌면 편지의 그 같은 상징
성을 영상으로 사연화한 작품이죠. 편지는 보내기 때문에 미지
의 세계와 연결되어 있죠. 그러나 보내기 때문에 흘러가는 시간
과 더불어 상실이 있고, 상실 가운데 답장이란 얼마간의 위로와
보상도 있게 되죠.

교수1: 《러브 레터》에 그런 의미가 있었던가요?

교수2: 의미는 항상 보는 자의 몫이죠. 경치는 즐기는 자가 임자
이고. 본다는 것은 결국 의미를 보는 것 아니겠습니까?

교수1: 그 영화 언제까지 합니까?

교수2: 편지로 물어보시죠.　　　　　　　　　　　　　　　1999. 12. 10

캠퍼스 연가

➹ 나는 돌아보지 않아도 그녀가 멀리 내 등 뒤에
있다는 것을 느낄 수 있었지. 그녀가 자리에 앉으면
하나의 작은 촛불이 소리 없이 켜지는 것을 느꼈으니까.

여학생: 저기 좀 봐. 어등산 자락으로 해오라기 두 마리가 날아가
네. 그런데 앞서 가는 새는 입에 나뭇가지를 문 것 같지? 남자
인가 봐.

남학생: 비행기 타고 집 짓는 기분이 괜찮을 것 같은데. 언젠가 우
리도 하늘 높이 새집 짓고 살자.

여학생: 알은 몇 개나 낳고?

남학생: 뻐꾸기 눈치 보며 심심하면 하나씩 낳지. 그런데 새는 아
내를 많이 거느린다던데.

여학생: 그러면 우리 물 속에 들어가 산호집 짓고 살자.

남학생: 먹장어가 질투하면 어떻게 하려고?

여학생: 아무려면 인어가 먹장어만 못 하려고?

남학생: 그런데 강의 시간 다 됐잖아? 빨리 들어가 졸자.

여학생: 내 꿈꿔.

여학생: 교수님, 옛날 이야기 해주세요.

교수: 왜 갑자기 동심으로 돌아가는 거지?

여학생: 지금 산골짜기 어딘가에는 복사꽃 배꽃이 환히 피었잖아요?

교수: 강의실에는 졸음의 꽃이 만발하고. 그래 무슨 얘기를 해달라는 거지?

여학생: 학창 시절 데이트 같은 거요.

교수: 데이트는 잘 모르겠고, 대히트는 아직도 나를 비틀거리게 만드는데, 그때의 필름을 현상하는 것은 독약에 설탕을 타 들이키는 맛인데.

여학생: 야, 죽인다. 저희도 그 맛 좀 보게 해 주세요.

교수: 사랑에 관한 한 남의 슬픔은 달기만 하지. 이야기의 포장지에 곱게 접히니까.

여학생: 한번만 더 비틀면 터질 것만 같아요.

교수: 그 달빛 같은 이야기를 꼭 해야만 하는 건지? 이것도 교육이라면 교육일까? 수요자를 외면할 수도 없고.

여학생: 풍선이 곧 터질 것 같다니까요.

교수: 졸업이 다가와도 좋아하는 사람이 없었지. 주변에 가인佳人이 없었던 것은 아니지만, 내 마음은 설악산 흔들바위처럼 기껏 몇 번 흔들거리다 멎고 마는 정도였어.

여학생: 그래서요?

교수: 어느 날, 오늘처럼 눈부신 어느 날, 나의 바위를 풍선처럼 떠오르게 만드는 여학생이 나타났지. 대개 나는 맨 앞줄에 앉고 그녀는 뒷줄에 앉았는데, 나는 돌아보지 않아도 그녀가 멀리 내 등 뒤에 있다는 것을 느낄 수 있었지. 그녀가 자리에 앉으면 하나의 작은 촛불이 소리없이 켜지는 것을 느꼈으니까. 그 촛불의 그림자가 강의 시간 내내 내 눈앞을 어른거렸지.

여학생: 그게 누군데요?

교수: 그것은 내가 묻고 싶은 말이었어. 도대체 그 여자는 누구일까? 내 흔들바위를 축구공처럼 걷어차 하얀 뭉게구름의 네트 속에 집어넣은 사람은? 나를 어항에서 뛰쳐나온 금붕어처럼 가쁜 숨을 몰아쉬며 헐떡거리게 만든 사람은?

여학생: 설마 사모님은 아니시겠죠?

교수: 그렇게 하면 소설이 되겠어?

여학생: 그럼 지금 이야기는 실화가 아닌가요? 어쩐지.

교수: 어떤 인생은 소설보다도 더 소설일 수도 있지.

여학생: 그럼 그 여학생은 어떻게 됐죠?

교수: 알 수 있나? 책에서 페이지가 뜯겨져 나갔으니까. 그러나 강의를 하다 보면 이따금씩 멀리 창문 가까이 다소곳이 앉아있는 그녀를 발견하게 되지. 그녀는 그렇게 나타나 고장난 내 가슴속 시곗바늘을 맞춰 놓고 소리없이 사라지곤 하지, 강의를 계속하라고.

2000. 4. 25

그가 자신을 돛대에 묶게 한 이유

나는 내 동료들의 귀를 막고, 그들로 하여금
나를 돛대에 세우고 손발을 묶게 했다. 그리고 내가
풀어달라고 애원하면 더욱 단단히 묶고 채찍으로
갈기도록 했다. —『오디세이』 XII, 39

학생: 교수님은 무슨 음식을 제일 좋아하세요?

교수: 뷔페지. 음식보다는 음식의 다양함이 좋다고 할까?

학생: 사람을 좋아하는 것은 음식과 다를까요?

교수: 사람은 눈으로 먹는 음식이자 가슴으로 소화하는 음식이지.

학생: 그러나 무엇이나 먹을 수 없듯이 어느 사람이나 인연을 맺을 수 없지 않습니까?

교수: 선택의 여지가 없는 가운데 선택은 선택이 아니지.

학생: 선택의 가능성이 너무 많아도 선택에 문제가 있지 않을까요?

교수: 노처녀 노총각이 많은 것도 그런 이유지.

학생: 결혼은 어쩌면 선택이 아니라 선택에 대한 포기일 수도 있겠군요?

교수: 이혼은 포기에 대한 포기일 수도 있고.

학생: 이혼에 긍정적인 면이 없지도 않은 것이 바로 그 때문일까요?

교수: 고통이 하도 심하다 보니 수술 후에 느끼는 평화가 그런 것이겠지.

학생: 사람이 태어나 누군가를 만나서 결혼을 하고 가족을 만들어 가는 것을 보면 마치 만화책을 읽는 것 같아요.

교수: 결혼이 이혼으로 뒤집어지고 구슬 같은 가족이 깨어져 흩어지는 것도 만화처럼 재미있더냐?

학생: 결혼의 문제점은 어디에 있을까요?

교수: 결혼의 문제는 실제로는 선택의 문제이지. 한 몸으로 살아가느냐, 아니면 두 몸이 한 몸으로 살아가느냐, 또는 두 몸이 두 몸으로 살아가느냐. 마찬가지로 한 마음이 한 마음으로 사느냐, 아니면 한 마음이 두 마음으로 사느냐 등등.

학생: 마음의 공식이 실로 복잡하군요. 선택의 공식은 난해하고.

교수: 인간은 선택을 하는 것 같지만 사실은 선택을 강요당하고 있지. 강요보다 더욱 심각한 것은 자신에 대한 무지이고. 그래서 자기가 원하는 것이 무엇인지 알기도 전에 선택을 하게 되지.

학생: 선도 안 보고 택만 하는군요.

교수: 설사 선을 봤다 해도 우리의 선택에는 확신 대신 막연한 기대만 있을 뿐이야. 그리고 마침내 막연한 기대의 안개가 걷히는 순간, 치마 속에 가려진 속살을 보는 순간, 인간은 자신이 저지

른 끔찍한 선택의 골짜기로부터 신발이 닳도록 달아나고 싶어
하지.

학생: 오늘 강의하신 호머의 오디세우스는 경우가 다르지 않나요?
그는 여신 칼립소와의 불멸의 삶보다는 죽어도 좋으니 인간인
자기 아내 페넬로피와 살고 싶어하지 않습니까? 현지처가 아닌
조강지처와.

교수: 그러나 과연 그것이 오디세우스의 모든 것일까?

학생: 그런 그도 바람을 피웠나요?

교수: 아내를 사랑했지만 그녀와 더불어 조용히 늙어가는 걸로
만족했을까? 다시 장정들을 불러 모아 배에 바람을 가득 싣고
미지의 세계를 찾아 떠나고 싶지 않았을까?

학생: 그것은 호머의 오디세우스가 아니지 않습니까?

교수: 단테나 테니슨의 오디세우스는 다르지.

학생: 그럼 오디세우스는 영원히 한 곳에 머무를 수 없는 사람인
가요? 바다의 유목민과도 같은 삶이 과연 행복할 수 있을까요?

교수: 하고 싶은 것을 하지 못하는 것보다 불행한 사람은 없지.
거친 파도와 싸우더라도 사람은 하고 싶은 것을 해야 행복하지.

학생: 맞습니다. 놀고 싶을 때 못 노는 것보다 비참한 것은 없죠.

교수: 오디세우스가 어떻게 사이렌들의 유혹을 통과했는지 알아?
바다의 미아리 텍사스 말이야?

학생: 동료들의 귀를 막고 자신을 돛대에 꽁꽁 죄인처럼 묶게 하
지 않았습니까? 그리고 풀어달라고 애원하면 더욱 단단히 묶고

밧줄로 내려치라고 하지 않았습니까?

교수: 영혼을 파도처럼 삼키는 요정들의 무서울 만큼 매혹적인 노래를 경험해보고 싶었던 거지. 그걸 놓치면 모험과 도전으로 얼룩진 방랑의 의미도 무효니까.

학생: 그러나 수많은 경험들의 의미는 무엇입니까?

교수: 솔로몬의 말처럼 헛되고 헛되단 말인가? 천 명의 아내와 후궁을 거느리고 세상의 모든 영화를 누렸던 자의 말을 믿으란 말인가? 그는 구태여 자신의 손발을 묶을 필요가 없었어.

학생: 그래서 오디세우스를 말씀하시는 건가요?

교수: 엎드린 호랑이처럼 무서운 욕망을 향해 감히 자신의 몸을 묶고 달려들었으니까.

2000. 5. 10

미치고 싶어 미치겠네

↪ 이심은 생략하고 전심이 좋을 듯합니다. 워낙 기초가 부족한지라.

학생: 오늘은 스승의 날입니다. 저희 모두의 마음을 하나로 묶은 꽃다발을 드립니다.

교수: 모처럼 시들지 않는 꽃을 받으니 기쁘구나.

학생: 술도 한 잔 올리겠습니다.

교수: 마시기도 전에 취하는 기분 좋은 술이구나.

학생: 이 잔을 받으시고 한 말씀을 부탁드리겠습니다.

교수: 이심전심으로 주고 받으면 안 되겠느냐?

학생: 이심은 생략하고 전심이 좋을 듯합니다. 워낙 기초가 부족한지라.

교수: 에머슨이 말하기를, "Primary wisdom is intuition, whilst all subordinate teachings are tuitions."

학생: 무슨 뜻인지요?

교수: 교육tuition이란 교육을 뜻하는 동시에 등록금, 즉 돈을 뜻하

기도 하지. 너희가 이제까지 주고 받은 것 말이다. 그런데 그것
을 이 자리에서 새삼스럽게 선사한다면 무슨 의미가 있겠느냐?
부디 돌아가지 말고 지름길로 가거라. 에머슨이 으뜸가는 지혜
는 직관이라 하지 않느냐?

학생: 저희는 철학적인 것보다는 낭만적인 것이 좋습니다. 낭만
은 멀리 돌아가고 방황하는 데서 나오지 않겠습니까?

교수: 그렇게 돌아가고 그렇게 방황하는 것은 나도 바라는 바이
다만, 에머슨은 나이 사십이 넘어 아침에 잠에서 깨어나면 왠지
슬픈 생각이 든다고 했던가?

학생: 오늘은 교수님이 한번 취하는 모습을 보고 싶습니다.

교수: 이미 취했기에 이런 소리가 검문도 받지 않고 입술을 통과
하지 않느냐?

학생: 말씀을 하실수록 오히려 점점 술에서 깨어나시는 것 같습
니다.

교수: 그런가? 말은 노래의 성분이 들어 있어 술을 깨게 만들지.

학생: 노래는 어떨까요? 오늘 같은 특별한 날에 노래가 없어서야
되겠습니까?

교수: 온 세상이 노래방인데, 노래를 못할 것도 없지. 사람도 새도
비행기도 자동차도 모두 노래 부르지 않느냐? 그런데 내가 부
르고 싶은 노래는 가사만 있고 곡은 없으니 반주 없이 노래하
면 섬돌 밑 귀뚜라미 소리 같지 않겠느냐? 가장 아름다운 시간
은 제일 먼저 달아나네. Optima dies… prima fugit. 이런 노래

가 무슨 재미가 있다더냐?

^{학생}: 저희는 교수님의 못 들어본 노래가 더 좋습니다.

^{교수}: 내 기분을 맞추려고 작정을 했구나. 기분 좋은 거짓말은 참 말 못지 않구나. 자, 그러면— 구세대의 신세대 노래를 한 곡 불러 볼까.

미치고 싶어 미치겠네

아 미치고 싶어 미치겠네

금빛 노을에 잠기면서

미치고 싶어 미치겠네

절벽 아래 출렁대는 파도를 끌어 안고

한바탕 춤추고 싶어 미치겠네

머나먼 별이 메아리 치도록

아 노래하고 싶어 미치겠네

아 움직이지 않는 내 그림자를 끌어 안고

미치고 싶어 미치겠네.

^{학생}: 교수님, 정말 낭만적이십니다.

^{교수}: 절망적이겠지.　　　　　　　　　　　2000. 5. 25

빛바랜 편지 : 뻐국씨에게

↯ 나도 내 그늘에 앉아 나 자신을 노래할 거예요.
날이 갈수록 영원히 죽지 않는 것을 찬양하고 싶어요.

교수: 어떠냐, 오늘 숲 속에서의 야외 수업이?

학생1: 화랑이라도 된 기분이예요.

교수: 높고 푸른 하늘 아래 소나무 숲이 하나의 신성한 사원 같지
않느냐?

학생2: 그럼 여기에서 하는 말은 모두 기도가 되겠네요?

교수: 원래 기도와 말은 하나였느니. 말이 곧 시가 되던 때가 있
었듯이. 지금은 씨가 되지만.

학생3: 교수님, 오늘의 장원은 누구죠?

교수: "빛바랜 편지: 뻐국씨에게"를 뽑았지.

학생4: 제목부터가 어째 웃음이 묻어나네요. 냉장고가 없어서 어
쩌죠?

교수: A학점이 있지 않느냐?

학생4: 저는 냉장고가 더 좋은데요.

교수: 그 소리에 웃음이 식는구나. 냉장고처럼 썰렁하게 한번 읊어 보거라.

학생5: 그럼 졸시에 쓴 졸시지만 녹슨 목소리나마 주파수를 맞춰 보겠습니다.

뻐꾹씨에게

말씀 많이 들었어요

가까이 뵙지는 못했지만

음성만은 늘 기억하고 있어요.

언제나 자기 이름을 부르며

앞산 뒷산

자기를 찾아 헤매는 것이 인상적이었죠.

그래서 잃어버린 자신은 찾으셨나요?

지난 겨울이 워낙 지독해

혹시나 했는데

목소리를 들으니 너무 반가워요.

뻐꾹씨가 오셔야 봄이 봄 같고

숲과 그늘이 살아나는 것 같아요.

뻐국씨는 잘 모르실 거예요.

내가 누군지, 편지가 무엇인지도.

아마도 사람이라면 지겨울 거예요.

당신에게서 숲을 빼앗았으니까.

그래도 이 편지만은 읽어주세요.

당신을 위해 한 자 한 자 나뭇잎에 적었어요.

숲 속 나무들에게 부탁해서라도 읽어주세요.

그들은 당신의 언어를 알고 있을 테니까요.

왜 그런지는 모르지만

뻐꾹씨만은 날 이해해 주실 것 같아요.

미안해요, 밑도 끝도 없이.

인간의 마음이라서 그런가 봐요.

우리 인간은 절망 이상해요.

본능과 자유가 다르니까요.

그래도 날개 없이 나는 마음은

오히려 뻐꾹씨가 더 잘 알 것만 같아요.

뻐꾹 뻐꾹 그 한 마디에

그 노래와 이름 속에 모든 것이 다 들어있으니까요.

내 편지는 사실 당신의 이름으로 가득 차 있을 뿐예요.

그러나 해석은 다양하게 해주세요,

산야의 들꽃처럼.

산에 오르다 뻐꾹 소리 들리면

그것이 답장인 줄 알겠어요.

언제나 자신의 이름만을 외치는 뻐꾹씨가

좋은 것 같아요.

나도 숨어서 뻐꾹씨처럼 내 이름을 불러 봐요.

사는 날까지, 내 봄이 끝날 때까지.

나도 내 그늘에 앉아 나 자신을 노래할 거예요.

날이 갈수록 영원히 죽지 않는 것을 찬양하고 싶어요.

같은 목소리로 그러나 새롭게,

해마다 당신처럼

죽었다가 살아나고 싶어요.   2000. 6. 10

쾌락의 시체에서 기어 나오는 고통의 벌레

↯ 너희 마음속에 들락거리는 수많은 생각들, 언제
들어오고 언제 떠나며, 떠날 때 주소라도 남기고
떠나라고 붙잡아 보았느냐?

교수: 한번 물어보자. 쾌락의 시체에서 기어 나오는 고통의 벌레
가 어떻게 생긴지 아는 사람?

학생: 축제 때문에 하신 말씀인가요?

교수: 간밤에 어등산이 한 말을 기억하는 사람?

학생: 산도 말을 하나요?

교수: 산이 말을 못한다면 어찌 드라이저가 "누가 우리를 위해 바
위의 언어를 통역해 줄까?" 하고 말했겠느냐?

학생: 바위가 어떻게 말을 하죠?

교수: 혀가 없다고, 입을 다물었다고 말을 못 한다더냐? 말을 하
지 못하는 것이 문제가 아니라 듣지 못하는 것이 문제지. 정녕
아름다움의 소리 없는 노랫소리를 못 듣는단 말이냐? 너희 마
음속에 들락거리는 수많은 생각들, 언제 들어오고 언제 떠나며,

떠날 때 주소라도 남기고 떠나라고 붙잡아 보았느냐?

학생: 지난 주 남원 광한루 연못에 이름을 써보았어요.

교수: 잘 써지더냐?

학생: 잘 지워졌어요. 바람이 읽기도 전에.

교수: 지나가던 잉어가 먹어버렸겠지. 한번 물어보자. 내가 가을을 타나? 물어봐야 시원하겠기에, 한번 물어보자. 유혹으로부터 벗어나려면 얼마나 빨리 달려야 하는지?

학생: 태풍보다는 빨라야 하지 않을까요?

교수: 에밀리 디킨슨이 말하기를, 항상 가장자리에서 떨어지는 새둥지와 같은 것이 지구라고 했는데, 사실이더냐?

학생: 저는 지난밤 밤새 고독을 껴안고 뒹굴다 잠을 설쳤어요. 여자인줄 알았더니 남자였어요. 꿈을 꾼 건가요?

교수: 가발에 속았구나. 그래도 손수건에 속았던 나보다는 나은 것 같구나.

학생: 가을이 금방 달아날 것 같아요.

교수: 두렵더냐? 가을보다 무서운 것이 밤이더라. O lente, lente, currite noctis equi! 오 서서히, 서서히, 달리가라, 어둠의 말이여! 오비드는 사랑이 무엇인지 바위가 어떻게 뜬 눈으로 지새는지 알고 있었지. 밤하늘의 유성이 눈부시게 달아나듯 젊은 날의 기쁨은 그렇게 내 품을 벗어나는구나.

학생: 밤이 그런 줄 몰랐는데 그렇군요.

교수: 어둠의 말을 탄 사람이 더 중요하지. "차가운 눈초리로 바

라보라, 삶을, 죽음을, 말을 탄 이여, 지나가라!" 비석에다 말고 삐를 매지 말고. 머지 않아 눈부신 오후의 햇살에서 내려 어둠의 검은 말을 갈아타야 하겠구나.

학생: 왠지 주저앉고 싶어요. 낙엽을 바라보려면 가을의 마음을 가져야 하겠지요?

교수: 죽는 것이 쉽게 느껴질 때가 있지.

학생: 그만 가 봐야겠어요. 안녕히 계세요.

교수: 이별을 해야 눈물에서 죽었다가 웃음에서 다시 살아나지.

2000. 10. 10

오 볶을만!

 사람 사는 곳이라고 다 사람 살 곳이 아니라는 거죠.

최교수: 서양 사람치고 당신처럼 목소리 큰 사람은 처음이요.

볶을만: 그런가요?

최교수: 당신이 6층에 올라오면 어디 있는지 다 알 수 있죠. 엘리베이터와 화장실만 빼놓고. 목소리가 아니라 북소리에요. 도대체 웬 목소리가 그리도 큽니까?

볶을만: 목소리 큰 것도 죄입니까?

최교수: 그것은 죄가 아니라 원죄죠. 점잖은 한국 사회에서는.

볶을만: 잠자는 한국 사회라고요?

최교수: 가나다라는 훈민정음 같은 나라에서 왔으면서도 점잖다는 말도 모르시오?

볶을만: 쉽게 말하면 내가 크레이지하다는 뜻이지요?

최교수: 아니 하나님 뜻이지.

볶을만: 크럼 됐지. 그런데 점잖다는 말은 점지 않다는 말 같아요.

최교수: 한국말이 재미있지 않아요?

볶을만: 한국 사람보다는 훨씬 재미있죠.

최교수: 왜 한국 사람은 재미없나요?

볶을만: 너무 딱딱해요. 화란 사람들이 신고 다니는 나막신처럼.

최교수: 당신 조상이 화란 사람이 아니요? 혹시 헨드릭 하멜하고 는 어떤 관계요? 어쩌다 한국에 표류해 5년이나 머물게 된 거요?

볶을만: 간다 간다 하면서 그렇게 됐죠.

최교수: 그러다 짚신에 차이고 넘어지다니.

볶을만: 한국 사람들이 나에게 이럴 수 있는 겁니까?

최교수: 양인에 대한 공포는 우리의 전통이죠. 당신이 이해해야 합 니다.

볶을만: 글쎄요.

최교수: 당신은 이름부터 바꿔야 돼요.

볶을만: 내 이름을요?

최교수: 볶을만Boekelman이란 이름은 한국인에게는 남을 귀찮게 들볶는 사람으로 들리니까.

볶을만: 그것 참 이상하네요. 우리 가나다 사람에게는 "복을 만"이 준다는 뜻 같은데.

최교수: 문화의 차이겠죠. 아니면 장난이던가.

볶을만: 그럼 그림 그릴 아이디어가 또 하나 생겼어요.

최교수: 한국인의 탈이라도 그리겠다는 건가요?

볶을만: 바로 그거예요. 서양 사람의 탈을 쓴 한국인, 한국인의 탈 을 쓴 서양인 말예요.

최교수: 당신이 그린 동네 목욕탕 아주머니들 그림보다는 낫겠군
요. 그 그림은 아직도 안 팔렸나요?

볶을만: 한국인은 왜 그 그림에 대해 예민한 반응을 보이는지 모
르겠어요. 다 삶의 일부일 뿐인데. 나는 화란에 있을 때 바로 그
런 곳에서 자랐어요. 나의 어린 시절을 한국에서 발견했을 때
나는 뭔가 떠오르는 게 있었죠.

최교수: 사람 사는 곳은 다 마찬가지구나 하는 생각 말인가요?

볶을만: 그래요. 그런데 다시 보면 반드시 그런 것도 아닌 것 같아
요.

최교수: 뭐가요?

볶을만: 사람 사는 곳이라고 다 사람 살 곳이 아니라는 거죠. 무얼
잘 해보려고 해도 통하지가 않아요. 코끼리 발바닥에 침놓는 격
이죠. 뭘 해보려고 하면 생각지도 못한 오해의 절벽에 부딪히고,
결국은 떨어지고, 저기 보이는 보따리 두 개를 싸고 말았잖아요?

최교수: 그 옛날 풍랑을 만나 억지로 머물러 살았던 것보다는 낫
지 않은가요? 앞으로 표류기를 쓸 일만 남았군요.

볶을만: 적도 만들었지만 친구도 많이 만들었어요. 한국 사람 원
망하고 싶은 생각 없어요. 교수님 말처럼 다 내 탓일는지도 모
르죠. 내 이름이 볶을만이니까.

최교수: 오 볶을만!   2001. 1. 10

문자 시대의 벚나비

↯ 나의 양류사楊柳詞는 언제든지 준비되어 있습니다.
문자는 휴대폰에만 겨우 쓸 정도지만.

학생1: 너 벚나비라고 들어봤니?

학생2: 벚나비? 글쎄.

학생1: 저 벚꽃들이 나비 같지 않아? 저 벚나무 위에 앉은 하얀
나비들이 바람이 불면 일제히 황홀한 황사가 되어 날아가 버릴
것 같아.

학생2: 그래서 벚나비라는 거야? 그런데 벚나비는 남자니 아니면
여자니? 좀 이상하지 않아?

학생1: 뭐가?

학생2: 꽃은 여자인 반면 나비는 남자일 테니, 바람이 불면 세상
이 온통 호스트바로 변한다는 거야 뭐야?

학생1: 봄은 여자를 더 여자로 만들고 남자를 더욱 남자로 만들지.

학생2: 그렇지만 꽃을 나비로 바꾸지는 않지 않아?

학생1: 그럼 벚나비인지 뭔지 클릭, 삭제해 버릴까? 잠깐. 전화 왔

네. 그런데 문자로.

학생2: 메시지가 뭔데?

학생1: "님 그리는 내 마음은 춘색과 같아 그대 있는 곳마다 함께 있다네." 이 나비는 항상 어렵다니까.

학생2: 멋있지 않니? 이리로 날아오라고 그래. 벚꽃이 지기 전에.

학생1: 뭐라고 전할까? "그대 있는 남쪽을 바라보며 떨어지는 꽃잎을 세고 있다네." 어때?

학생2: 문자는 대충 그렇게 전하고, 그동안 우리는 벤치에 주저앉아 봄에 취한 무리들을 쳐다나 볼까, 한가하게?

학생1: 어디선가 갑자기 벚나비 하나 날아와 오늘 벚꽃 구경이 차질을 빚는구나.

학생2: 이제부터는 벚꽃이 우리를 구경하라고 그러지. 그런데 저기 오는 사람, 혹시 네 벚나비 아니니?

학생1: 어때? 나비치고는 좀 헤비하지?

학생2: 슬리퍼 끌고 달 위를 걷는 것 같은데. 쉽게 날아가지 못 할 테니 더욱 좋은 거 아냐?

벚나비: 꽃 속에서 꽃 찾기가 쉽지 않을 줄 알았는데.

학생1: 조금만 늦었으면 시들었을거야. 여름은 나에겐 겨울이니까.

학생2: 만나서 반갑습니다. 역시 나비의 탁월한 감각이 돋보이는군요.

벚나비: 미인들의 향기가 워낙 짙은지라. 오늘은 날개가 지칠 때

까지 날아보고 싶습니다. 두 꽃의 주변을.

학생2: 그렇담 갑자기 저기 포장마차를 타고 달리고 싶은데요?

학생1: 괜찮겠어?

벚나비: 낭중자유전이니, 낭자여 무슨 걱정이리요?

학생2: 완전히 이도령이시네요, 문자 쓰시는 것이.

벚나비: 아니, 양소유죠. 나의 양류사楊柳詞는 언제든지 준비되어 있습니다. 문자는 휴대폰에만 겨우 쓸 정도지만.

학생1: 꽃이 피면 비바람이 잦고 이별도 잦다는데.

학생2: 광주공항 비행기는 벚꽃들을 태우고 어디로 가는 걸까?

벚나비: 어찌 달도 뜨기 전에 두견새를 깨워 울게 하리요? 내가 벚나비이면 벗이자 나비요, 친구이자 연인일터, 끊임없이 떠나면서 끊임없이 돌아오는 오직 하나로 돌아가는 그런 나비 아니던가?

2001. 4. 10

가을남녀

↬ 떨어진다 해도 너무 곱고 아름다워서 차마 무심코 밟을 수 없다면 그런 믿음은 아름다운 것 아닐까요?

남: 찻집 대신 들로 나오라고 해서 미안합니다.

여: 아니 오히려 더 좋은데요.

남: 선본다는 생각이 안 들었으면 좋겠습니다. 잠시만이라도.

여: 선보는 것을 싫어하시는 모양이죠?

남: 아무래도 서먹하고 어색하니까요.

여: 그래서 자연의 도움을 받으려고 이곳으로 오신 건가요?

남: 자연은 인간의 친구라고 하지 않습니까? 친구라면 이럴 때 도와줘야죠.

여: 여자 친구보다는 나은 것처럼 들리는데요.

남: 하나는 있고 하나는 없을 뿐이죠.

여: 선뜻 믿어지지가 않는데요?

남: 믿게 할 수만 있다면 오늘의 선은 일단 성공으로 봐도 될까요?

여: 그러나 믿음은 단풍인걸요.

남: 왜 믿음이 단풍이죠?

여: 달아오를 때는 황혼처럼 아름답지만 이내 시들어 떨어지니까요.

남: 떨어진다 해도 너무 곱고 아름다워서 차마 무심코 밟을 수 없다면 그런 믿음은 아름다운 것 아닐까요?

여: 자연 친구가 있는 것이 확실하군요.

남: 지나가는 바람이 전해준 정답이 맞았나 봅니다.

여: 그런 비밀도 밝히시나요?

남: 상대에게 가까워지려면 자신의 연약함을 고백하는 수밖에 없죠.

여: 여자와 가까워지기 위해 여자가 된다는 말인가요?

남: 여자가 왜 약하죠?

여: 그러면 강한가요?

남: 저는 남자의 강함보다 여자의 강한 면이 더욱 두렵게 느껴지는데요.

여: 그 정답은 누가 알려준 거죠?

남: 지금 발바닥에 느껴지는 부드러운 낙엽이 비명을 지르면서 알려주는데요.

여: 왜 찻집 대신 들녘을 택하셨는지 점점 이해가 가네요. 그러나 저는 정답도 정답이지만 틀린 답도 관심이 많은데요.

남: 틀린 답이라니요?

여: 내가 고쳐주고 싶은 것이 약간은 있을 정도로 틀린 그런 답

말예요.

남: 저는 제가 완벽하다고 생각해본 적이 없는데요. 그리고 완벽함이 흠이 될 줄은 상상조차 해보지 못했고요.

여: 그러면 완벽치 못하신 건가요?

남: 담을 굳게 쌓으면 좋은 이웃이 생길까요? 담은 피할 수 없는 현실이지만 바람이 지나칠 때마다 가로막고 신분증을 확인할 수는 없죠. 내 담에 난 구멍은 벌집은 아닐지라도 바람이 지나다니기에 큰 불편은 없을 정도죠.

여: 저도 그런 바람이 되고 싶은데요. 처녀가 바람이야기를 한다는 것이 좀 그렇지만.

남: 저를 향해 불어오신다면 환영합니다. 그러나 저를 통과해 다시 떠나는 것은 왠지 아쉬울 것 같군요.

여: 돌고 도는 것이 바람 아닌가요? 떠났다가도 더러는 구멍 난 담벼락이 생각나 돌아오는 바람도 있을 거예요.　　　　2001. 11. 10

긴 버드나무 땅을 쓸고

↳ 생각이 없으니 마음이 편하겠구나. 그래서
대학생활이 꿀맛이렸다. 고생하는 부모는 죽을 맛이고.

학생: 교수님, 이번 MT에 저희와 함께 가시는 거죠?

교수: 어디로 정했느냐?

학생: 남원인데요.

교수: 춘향이도 없는 남원은 가서 뭐하겠느냐? 처갓집이라도 있
다면 몰라도.

학생: 그럼 어디 좋으신 데라도 있으신가요?

교수: "구름과 산이 모두 흰" 곳이라면 더러 당기기도 한다만.

학생: 혹시 월출산 말씀인가요?

교수: 염척의 머리가 축구공처럼 날아 떨어졌던 일만 이천 봉우
리의 산이 어디더냐?

학생: 그럼 금강산 아닙니까? 마침 정부에서 지원도 해주고 하
니까.

교수: 무슨 소리! 가면 내 돈으로 가야지. 일만 이천원은 더 하겠

지만.

학생: 온몸이 나른한데 그 살벌한 곳에 가면 긴장이 생길 것도 같습니다.

교수: 내 지난밤 꿈에 긴 버드나무 땅을 쓸고 복사꽃 날리는 마을을 지났는데.

학생: 근사하긴 한데, 복권에 당첨될 꿈은 아닌 것 같습니다.

교수: 너희는 요즈음 무슨 생각을 하면서 사느냐?

학생: 생각요? 이렇다 무슨 생각을 생각한다고 생각해 본 적이 없는 것 같은데요.

교수: 생각이 없으니 마음이 편하겠구나. 그래서 대학생활이 꿀맛이렸다. 고생하는 부모는 죽을 맛이고.

학생: 꿀맛이라니요? 커피도 노 슈가인데, 꿀맛은 차라리 고문입니다.

교수: 그러면 쑥과 마늘을 씹는 맛이더냐?

학생: 졸업까지의 삼칠일이 얼마 남았는지 호랑이처럼 세고만 있습니다.

교수: 왜 장가라도 가고 싶은 거냐? 아니면 백두산 넘어 시베리아의 겨울로 돌아가기라도 하겠다는 거냐?

학생: 그러고 보니 생각은 별로 없는데 소원은 많습니다. 소원은 호주머니 백 원짜리 동전처럼 늘어만 갑니다.

교수: 무슨 소원이 그리도 많더란 말이냐? 사람으로 태어나는 것이냐?

학생: 사람요? 사람이 지겨워 차라리 야수로 돌아가고만 싶습니다. 환웅 할아버지가 들어줄 리도 없지만. 해보고 싶은 것도, 갖고 싶은 것도 하도 많아 밤이면 허스키한 황소개구리처럼 울 때가 한 두 번이 아닙니다.

교수: 야수가 되면 동물원 철창에 갇히기가 십상이니 걷잡을 수 없는 욕망에 끌려 다니는 것이 아슬아슬하기만 하구나.

학생: 아슬아슬하다 결국 이슬로 사라지는 것이 인생 아니겠습니까?

교수: 그러면서도 마음고생은 끝이 없다니. "칼을 빼어 물을 잘라도 물은 다시 흐르고, 술잔 들어 근심을 사르려도 근심은 다시 근심이로다."

학생: 어쩌죠? MT에 가면 술 한잔을 올리고 싶었는데.

교수: 내가 언제 술을 약으로 알고 마시더냐? 이태백 말마따나 취하면 세상천지 다 잊어버리고 내 몸이 있음도 알지 못하니. 다만 그것이 좋을 뿐이지.

학생: 그러면 MT에 오실 거죠?

교수: 술항아리 짊어지고 산에 오르려느냐? 이번에는 술을 못하는 달을 취하게 만들어 보자. 내 그림자도 취하리라.

학생: 저도 산算 가지는 충분히 준비해놓겠습니다.

교수: 멀리서 뱃노래 들리는구나.   2002. 4. 10

친구가 어디 있어, 이 친구야?

↪ 돌멩이는 하도 던져서 이제는 없고 남은 것은
용서밖에 없을 것 같은데, 이론과 현실이 너무 다른 것
같습니다.

학생: 친구란 무엇입니까?

교수: 왜 갑자기 무거운 돌을 들어올리려고 무리하지?

학생: 답답하다보니 근육이 땅기고 없는 용이 저절로 써집니다.

교수: 답답하다니? 오늘은 황사도 그치고 무등산도 보이는데.

학생: 황사보다 답답한 세상사가 문제죠.

교수: 그것이 친구하고 무슨 상관인가?

학생: 인생의 흥망성쇠가 친구라는 두 글자에 달려있으니 하는
말 아닙니까?

교수: 설마 여자 친구를 두고 하는 말은 아니겠지?

학생: 여자는 못 믿어도 친구는 믿고 싶은데, 뭐가 뭔지 모르겠습
니다.

교수: 여자 친구가 친구 여자보다도 못하면 위기지.

학생: 여자와 친구 둘 다 믿다보니 뭐가 뭔지 마음이 남북으로 갈려 제 일지 춘심이 영락없는 이산가족입니다.

교수: 신뢰와 불신은 만나도 헤어져도 문제는 마찬가지지. 둘 중 하나가 슬그머니 비켜야 해결될 거야.

학생: 여자 친구는 원래 그렇다지만, 남자 친구 역시 문제가 있기는 마찬가지죠. 여자하고는 이별 아니면 결별로 끝나지만, 남자와의 우정은 끝내 구속과 배신과 스캔들로 끝나지 않습니까? 친구 사귀는 것도 정치하는 것만큼이나 위험합니다.

교수: 부패 속에서 생긴 우정은 쉽게 부패하기 마련이지. 그런 우정은 한번 상처가 나면 피가 멈추지 않지. 그래서 하나는 죽어 가고 하나는 지켜보는데, 그게 어디 각본대로 된다던가? 이상한 혈우병에 죽어 가는 자는 어느새 물귀신이 되어 함께 죽자고 매달리지.

학생: 언론과 여론에 맞아 죽어가는 모습은 보기에도 끔찍합니다. 하루 아침에 인간에서 쓰레기로 변하니까요.

교수: 평생 가꾼 신뢰마저 악취를 풍기면서 말라 죽는 모습은 더욱 처참하지.

학생: 이제 인간은 더 이상 인간을 믿을 수 없는 것입니까?

교수: 가롯 유다는 열두 명 중에 하나였지. 아직은 십이 대 일이야. 그러나 현대인은 모두가 유다여서, 억울한 사람 억울하게 죽이고 또한 자기 또한 억울하고 잔인하게 죽어가지. 밤중에 함부로 택시 타지 말게. 신고도 밀고도 않고 직접 죽이니까.

학생: 재수하는 동안 고대 유다 왕국이 배신자의 유다 왕국으로 변했나 봐요.

교수: 왕국이 아니라 거의 천국 수준이지. 타락한 시대일수록 이해심도 많으니까.

학생: 돌멩이는 하도 던져서 이제는 없고 남은 것은 용서밖에 없을 것 같은데, 이론과 현실이 너무 다른 것 같습니다.

교수: 신화적으로 보면 돌멩이는 인간의 뼈이자 사람 자체이지. 죄 지은 자를 향해 돌멩이를 들었던 자들은 인간에게 인간을 던져 죽인 셈이지. 인간은 마음도 육체도 모두 무기야. 살인적인 무기야. 피도 눈물도 없는 돌멩이, 돌멩이를 던지면서 민주와 자유를 외치다니.

학생: 돌멩이가 사람이라면, 제주도 인구가 제일 많겠네요?

교수: 언젠가는 돌하루방의 출산율이 인간을 능가할 거야.

학생: 인간이 문제가 아니라 인간 관계가 더 문제 아니겠습니까? 인간이 아닌 친구 말입니다.

교수: 몇 억씩 용돈 주고 차도 주고 사무실도 주고, 그런 친구라도 찾고 있는 건가?

학생: 등 뒤에서 전화하는 친구는 수상합니다. 그러나 친구라고 다 그렇기야 하겠습니까?

교수: 친구가 어디 있어, 이 친구야. 아리스토텔레스의 말이야, 이 친구야.

2002. 5. 10

바깥 세상은 푸르러도

↪ 역사에 발자국을 못 남긴다면 눈밭에 한바탕
뒹굴기라도 하고 싶습니다.

교수: 저 왔습니다. 그간 편히 계셨습니까?

선친: 네가 덮어 준 흙이불이 포근해서 잘 쉬고 있다. 항상 같은
자세로 자는 것이 좀 불편하긴 하다마는.

교수: 아시는지 모르겠지만 푸른 잔디가 보기가 좋습니다. 아버
님 생전의 수염 같기도 하고.

선친: 바깥세상은 푸르러도 지하의 세계는 침침하기만 하구나.
햇살 대신 반딧불만 날으니.

교수: 그곳은 원래 전구의 촉수가 낮지 않습니까?

선친: 추석이면 달도 뜨겠구나.

교수: 할로윈 날 콜로라도 강에서 달을 보고서 처음 보는 것 같습
니다.

선친: 강물에 떠내려가는 달을 보았다면, 시를 건진 것이 있더냐?

교수: 시는 늘 평년작이 아니면 흉작입니다.

선친: 건져 올린 그물 속에 번뜩이는 것이 없었단 말이더냐?

교수: 이제는 달도 고기도 가슴속에 잡아넣고 양식장을 만들어야 할 것 같습니다.

선친: 적조가 밀려오면 어찌하려고?

교수: 그때는 아버님이 도와주시든가 아니면 이태백이 도와주든가 해야죠.

선친: 내 감은 눈으로 바라보니 도처에 적조가 번지는구나.

교수: 양화가 악화를 구축할 수 있겠습니까?

선친: 시는 살아남겠지만, 레임덕 현상은 오래갈 것이다.

교수: 남북철도는 이어질는지요?

선친: 너의 시와 관계가 있더냐?

교수: 끊어진 것을 잇는 것이 시가 아니겠습니까? 말로 바느질하는 것 말입니다. 그래서 시는 시간과 역사 속에서 나오지 않습니까?

선친: 잘은 모르겠다만, 끊어졌던 핏줄이 이어지는 것처럼 연결될 것이니라.

교수: 피가 통하면 맥박이 뛰고 심장이 박동하지 않겠습니까? 시의 장래가 밝지 않습니까?

선친: 그동안에도 무덤은 계속 늘어날 것이니라.

교수: 저세상의 문턱을 밟을 때까지 무언가 하고 싶습니다. 역사에 발자국을 못 남긴다면 눈밭에 한바탕 뒹굴기라도 하고 싶습니다.

선친: 눈은 금시 녹아버리지 않느냐?

교수: 녹아 사라져야 아련하게 기억되지 않겠습니까? 영원한 대
자연 앞에서 어찌 영원을 넘볼 수가 있겠습니까?

선친: 내 일찍이 어린 너를 두고 떠나온 지가 사반세기가 넘었는
데, 나의 작은 씨앗이 이렇게 커다란 나무로 자랄 줄 몰랐구나.
내 흙침대가 갑자기 온돌처럼 더워지는구나.

교수: 사랑합니다, 아버지. 당신은 저의 뿌리이십니다.

선친: 너를 위해 더욱 길게 다리를 뻗어주마. 너를 위해 지하수를
끌어 올려주마. 돋아나는 너의 힘찬 가지와 새잎을 보고 싶구
나.

교수: 그동안 제 식구가 늘어났습니다. 가족은 물론이고 온 이웃
과 동포가, 세계 만민이, 하늘과 별과 바람, 이 숲 속 그늘진 곳
에 핀 들국화에 이르기까지 모두 내가 사랑하는 가족입니다. 당
신의 자손들입니다.

선친: 내 너무도 긴 휴식에 피곤하고 지쳐있긴 하다만, 너를 위해
서라면 무엇을 아끼리오?

교수: 당신의 그 큰 사랑을 뒤로하고 등을 돌리기가 너무 죄송합
니다. 부디 저세상의 평화와 행복을 누리소서.　　　　2002. 9. 25

짐들도 알아서

↻ 한 곳에서 오래 사는 것은 포로생활입니다.

교수1: 언제 이사하십니까?

교수2: 대학원 강의가 있는 토요일이죠.

교수1: 강의를 하면서 이사도 합니까?

교수2: 주인이 떠나니 짐들도 저희들이 알아서 떠나겠죠.

교수1: 짐들이 다리라도 달렸나요?

교수2: 오랫동안 나를 따라다녀서 떠나는 데 익숙해졌습니다.

교수1: 그러지 말고 강의를 이삿짐 트럭에서 하는 것이 낫지 않겠습니까?

교수2: 그것도 나쁘지는 않겠지만 흔들리고 덜컹이는 것이 문제입니다. 어찌 그런 선례를 만들겠습니까?

교수1: 사는 것이 망망대해이고 파도타기인데, 강의라고 예외겠습니까?

교수2: 학원도 아니고 대학원인데, 이사도 강의라고 우기겠습니까?

교수1: 딱해서 하는 말이 아닙니까?

교수2: 책들은 책끼리 모여 떠나고 자질구레한 살림살이들은 서로 엉키고 뒤섞이면서 신나게 떠날 터인데, 내 구태여 신경 쓸 것이 무엇이겠습니까?

교수1: 나도 그런 이사 한번 해봤으면 좋겠습니다.

교수2: 마음 편한 이사는 누구든지 할 수 있습니다. 마음먹기 달렸으니까.

교수1: 도대체 어디로 이사를 가십니까?

교수2: 동쪽에서 서쪽으로 갑니다. 백 미터 반경이지만.

교수1: 넓은 평수로 가시는 겁니까?

교수2: 나의 짐들이 편히 발 뻗고 잘 만한 곳이죠.

교수1: 대개 봄에 이사를 하는데, 어떻게 가을에 하시게 됐습니까?

교수2: 떠나는데 날을 잡을 필요가 있겠습니까? 우리는 매일매일 떠나지 않습니까? 이 세상에서 멀어지고 있지 않습니까?

교수1: 그러고 보면 이사를 했다고 좋아할 일도 아니군요.

교수2: 한 곳에서 오래 사는 것은 포로생활입니다. 열쇠는 언제나 문 안에 있습니다. 원하면 열기만 하면 됩니다.

교수1: 세상사가 어찌 그리 쉽기만 하겠습니까?

교수2: 쉬운 것을 어렵게 생각해온 것이 인간의 전통입니다. 나는 이것을 깨뜨리고자 살아왔습니다. 학문으로. 때로는 온몸으로.

2002. 10. 10

단풍엿

➥ 원고 때문에 또 피고가 되었구나.

학생: 교수님, 원고요.

교수: 원고?

학생: 오늘이 마감인데요.

교수: 마감이라…… 원고 때문에 또 피고가 되었구나.

학생: 네?

교수: 마감이라니 갑자기 세상의 문이 닫히는 것만 같고 만감이
교차하면서 어지럽기에 하는 말이 아니냐?

학생: 죄송해요.

교수: 그게 어찌 네 잘못이냐? 좋지 않은 소식을 받았다고 우체부
를 원망하랴?

학생: 그럼 원고 어떻게 하죠?

교수: 당장이라도 써야지. 써워 이겨야지. 피곤하기는 하겠지만.

학생: 요즈음 몹시 바쁘신가 봐요?

교수: 떨어지기에 바쁜 단풍만큼이나 바쁘지. 떨어지는 것도 일

이니까.

학생: 그럼 그 이야기를 쓰시면 되겠네요?

교수: 단풍이야기 말이냐? 한국엿사 속의 단풍엿사라!

학생: 단풍엿이 엿 중에 제일 근사한 것 같은데요? 우선 때가 때
인지라. 적어도 흔한 호박엿보다는 낫지 않을까요?

교수: 단풍의 붉은 물결이 내장산까지 남침했다지?

학생: 며칠 있으면 지리산 피아골을 점령할 거라는데요.

교수: 단풍의 맛이 경쾌하고도 매섭구나. 엿 속에 산들바람과 동
요를 많이 잡아 넣어야겠구나.

학생: 진짜 엿은 엿구멍 속에 숨겨논 바람 맛이 아닐까요?

교수: 그 바람을 알다니, 너도 인생의 맛을 제법 아는 모양이구나.
엿 속의 바람은 바람떡 속의 바람과 통하나니, 오늘따라 세상의
꼬인 창자가 엑스레이처럼 환히 보이누나. 보름달 계수나무처
럼 말이다. 단풍엿의 정체불명의 맛으로 꼬인 것의 긴장과 간장
을 풀어볼 수 있으리라.

학생: 교수님, 그럼 기다릴게요.

교수: 귓가에 바람이 일면 원고가 도착한 줄 알거라.　　　2002. 10. 25

돌아오라 詩여

↯ 코끝에 앉은 고추잠자리 눈앞에 맴돌다 땅끝까지
날아가는 것을.

교수1: 갈수록 건망증이 심해지는 것만 같습니다.

교수2: 옛날엔 기억만 떠났는데 나이 들어서는 기억의 세포까지
사라지나 봅니다.

교수1: 오늘 출근하다가 시를 주웠는데, 잠시 한눈파는 사이에 잃
어버리고 말았습니다.

교수2: 가까운 파출소에 가서 신고라도 해야 되지 않을까요?

교수1: 신고를 하려 해도 신원을 알 수 없고 설명을 할 수 없으니
어찌 찾을 수 있겠습니까?

교수2: 그러면 "돌아오라 詩여" 하고 여기저기 유인물을 돌리시던
가?

교수1: 시가 그 말을 읽고 돌아올까요?

교수2: 몇 마디 속에 감동만 있다면야.

교수1: 시를 찾기 위해서 또 하나의 시를 쓰라는 말 아닙니까?

교수2: "모든 시어는 십자가다. / 어떤 의미를 향해 / 부활을 꿈꾸는." 최병현이《시학단상》에서 한 말입니다.

교수1: 부활을 하려면 몸뚱이가 있어야 하는데, 나의 잃어버린 시는 세상에 태어나지도 않았지 않습니까?

교수2: 그래서 최병현은 "미처 승천하지 못한 언어들은 세상에 남아" 계속 떠나는 시들을 위해, 그 싸워서 승리한 영웅들을 위해 거대한 지원부대를 형성하거나 전사자가 된다고 하지 않습니까?

교수1: 비록 날개는 없어도 아름다운 생각이었는데, 그렇게 잃고 말다니 너무도 아쉽습니다.

교수2: 이름조차 모르는 연인은 인연이 없는 것이니 "그런대로 그만 잊으시구려."

교수1: 사노라면 잊힐 날이 있겠지만, 나의 요지는 그게 아니지 않습니까?

교수2: 그러면 뭡니까?

교수1: 부활은 못해도 모처럼 시를 잡아타고 가을 하늘을 한바퀴 돌아볼까 했는데, 그 우주여행 계획이 아쉽게 취소된 것이 애달프다는 것입니다.

교수2: 시가 영원히 떠난 것도 아닌데, 그런 고민하다 코앞의 또 다른 기회를 놓치지 않을까 걱정입니다.

교수1: 항상 코앞만 보고 걷는 내가 어찌 그것을 모르겠습니까?

교수2: 코앞에 있다고 다 잡는단 말입니까? 코끝에 앉은 고추잠자리 눈앞에 맴돌다 땅끝까지 날아가는 것을.

교수1: 돌아오는 것보다 기다림이 문제 아니겠습니까? 내가 떠나는데 돌아오면 무슨 소용이 있단 말입니까?

교수2: 떠남과 머물음의 한판 춤이 시가 아니겠습니까? 그렇게 춤으로 만나면 되지 않습니까?

교수1: 다른 것은 몰라도 기다림은 건망할 수가 없으니 어찌합니까?

교수2: 건망하지 못하면 관망해야겠지요. 돌아오라 詩여! 외치면서.

2002. 11. 10

시간의 구름다리 위에서

⟴ 여름에는 난로 같이 겨울에는 부채 같이 살았으니,
시대와의 불화가 너무 길었습니다.

교수1: 왜 그렇게 서계십니까?

교수2: 시간의 구름다리 위에서 잠시 만나 인사만 나누고 떠나간

사람들이 생각나서요.

교수1: 저도 요즈음에야 알았습니다.

교수2: 뭘 말인가요?

교수1: 내 마음이 평생 이름조차 알 수 없는 것들만을 쫓아다녔다

는 것을.

교수2: 그래서 마음은 항상 사냥꾼이죠.

교수1: 오늘도 발자국만 따라가다 끝나버리는 것은 아닌지?

교수2: 발자국이 끝나는 곳에 서게 될 때가 제일 두렵죠, 방향과

방황이 하나가 될 때 말입니다.

교수1: 행여 지금이 그 때인가요?

교수2: 인생을 이상하게 살았습니다.

교수1: 어떻게 말인가요?

교수2: 여름에는 난로 같이 겨울에는 부채 같이 살았으니, 시대와의 불화가 너무 길었습니다.

교수1: 모든 건 보기 나름 아니겠습니까? 더욱이 시간의 구름다리 위에서는.

교수2: 사람들은 도넛을 보는데, 나는 그 가운데 난 구멍밖에 볼 줄 몰랐으니.

교수1: 빛을 전하는 데는 두 가지 방법이 있지 않습니까?

교수2: 촛불과 거울말인가요?

교수1: 그렇죠. 하나는 비추고 하나는 반사하고.

교수2: 비추는 삶은 피곤하고, 반사하는 삶은 지루하죠.

교수1: 둘 다 인간에게는 운명적인 것 아니겠습니까?

교수2: 그래서 운명의 목덜미를 잡고 비틀고 싶어질 때가 있죠.

교수1: 야곱이 천사와 씨름하듯 말입니까?

교수2: 샅바를 움켜 쥔 상대가 천사라면 얼마나 좋겠습니까?

교수1: 형제의 발꿈치를 붙잡고 어머니 뱃속에서부터 싸운 것은 아니지 않습니까?

교수2: 천사와의 씨름은 물론 인간과의 실강이에서도 지고 말았으니 어찌 이름 석 자를 새롭게 할 수 있겠습니까?

교수1: 이스라엘이 못되면 이스마엘로 만족해야겠죠.

교수2: Call me Ismael!『백경』의 주인공처럼 말인가요?

교수1: 인생이란 무엇일까요? 시간의 구름다리 위에 서니 질문이 저절로 나오는 군요.

교수2: 밤길에 홀연 나타났다 사라지는 반딧불 아닐까요?

교수1: 아니면 겨울철 들녘의 소가 내뿜는 하얀 김이던가?

교수2: 풀 위에 어른거리는 소 그림자는 작기만 한데 그나마 해가

지면 사라지는 것.

교수1: 못 생긴 얼굴이 거울을 원망하죠.

교수2: 가슴의 논리는 늘 엉터리고.   2008. 10. 20